Hernandes Dias Lopes

mensagens
selecionadas
para a vida

© 2016 por Hernandes Dias Lopes

Revisão
Priscila Michel Porcher
Raquel Fleischner

Capa
Maquinaria Studio

Diagramação
Jonatas Belan

Editor
Juan Carlos Martinez

1ª edição – Novembro de 2016
Reimpressão - Janeiro de 2017

Coordenação de produção
Mauro W. Terrengui

Impressão e acabamento
Imprensa da Fé

Todos os direitos desta edição
reservados para: Editora Hagnos
Av. Jacinto Julio, 620
04815-160 - São Paulo - SP
Tel (11)5668-5668
hagnos@hagnos.com.br
www.hagnos.com.br

Dados Internacionais de Catalogação na Publicação (CIP)
Angélica Ilacqua CRB-8/7057

Lopes, Hernandes Dias
Mensagens selecionadas para a vida / Hernandes Dias Lopes. – São Paulo : Hagnos, 2016.

ISBN 978-85-243-0523-8

1. Mensagens – Deus 2. Meditação 3. Encorajamento
4. Palavra de Deus (Teologia cristã) 5. Vida cristã I. Título

16-0929   CDD 242

Índices para catálogo sistemático:
1. Mensagens – Meditações – Vida cristã

Editora associada à:

Dedico este livro ao dr. Saulo Duval Serafim, homem bom, médico primoroso, amigo fiel, servo do Altíssimo, bênção de Deus em nossa vida e ministério.

SUMÁRIO

Prefácio 7

PARTE 1
As marcas da vida cristã 9

PARTE 2
A prática da vida cristã 75

PARTE 3
As tensões da vida cristã 127

PARTE 4
As glórias da vida cristã 191

PARTE 5
Vitória na vida cristã 213

PREFÁCIO

Este livro é fruto de minhas reflexões semanais. São textos que emanam das Escrituras, abordando os mais variados temas, sempre objetivando consolar os tristes, levantar os abatidos e fortalecer os fracos. São mensagens evangelísticas e também de encorajamento. Estão endereçadas tantos aos que já pertencem à igreja do Deus vivo como àqueles que ainda hão de ser chamados. São doutrinas da graça expostas, exortações movidas pelo amor e encorajamento aos santos a permanecerem firmes e resolutos na caminhada da vida cristã.

Os textos foram escritos sob as mais variadas circunstâncias. Alguns foram escritos com intenso júbilo; outros com grande aperto no coração. Alguns expressam a exultação da minha alma; outros seus gemidos mais pungentes. O que importa, na verdade, não é o sentimento nem as circunstâncias que rodeiam o escritor, mas a verdade eterna que está sendo escrita. O escritor passa, mas a palavra de Deus permanece para sempre. O homem é pó, mas a palavra de Deus é viva. O homem é vulnerável, mas a palavra de Deus não pode falhar.

Os textos são mensagens objetivas que podem ser usadas para palestras, aulas de Escola Bíblica Dominical ou em pequenos grupos familiares. Aqui estão sementes que podem ser cultivadas. Ideias que devem ser ampliadas. Sermões que precisam ser expandidos. Sentir-me-ei honrado, se o leitor, usando essas ferramentas,

PREFÁCIO

passar adiante os conceitos aqui exarados e multiplicar a mensagem aqui exposta.

Que o Eterno Deus encha seu coração de amor às Escrituras e conceda deleite ao seu coração na leitura dos textos a seguir.

Boa leitura!

HERNANDES DIAS LOPES

PARTE I

As marcas da vida cristã

Sem máscaras

Tendo, pois, tal esperança, servimo-nos de muita ousadia no falar. E não somos como Moisés, que punha véu sobre a face, para que os filhos de Israel não atentassem na terminação do que se desvanecia (2Co 3.12,13).

SE AS PESSOAS NOS CONHECESSEM COMO DEUS NOS CONHECE, CERTAMENTE FICARIAM ESCANDALIZADAS. SE AS PESSOAS pudessem ler todos os nossos pensamentos, ouvir todas as vozes que abafamos dentro de nós e auscultar todos os desejos do nosso coração corrupto, elas se afastariam de nós com assombro. Somos, muitas vezes, seres ambíguos e contraditórios. Queremos uma coisa e fazemos outra. Exigimos dos outros aquilo que nós mesmos não praticamos. Condenamos nos outros aquilo que não temos coragem de confrontar em nós mesmos. Para manter as aparências, usamos máscaras, muitas máscaras. Se você diz que nunca usou uma máscara, é muito provável que esteja acabando de afivelar a máscara da mentira em seu rosto. Às vezes usamos máscaras muito atraentes, que encantam as pessoas e fazem com que elas passem a nos admirar não por quem somos, mas por quem aparentamos ser. O profeta Samuel ficou impressionado com Eliabe, filho mais velho de Jessé, e pensou que estava diante do ungido de Deus. Mas o Senhor o corrigiu, dizendo: *Não atentes para a sua aparência,* [...] *o Senhor* [vê] *o coração* (1Sm 16.7).

MENSAGENS SELECIONADAS PARA A VIDA

Facilmente ostentamos máscaras. Algumas delas são:

1. A MÁSCARA DA PIEDADE. O apóstolo Paulo, em 2Coríntios 3.12-18, fala que não somos como Moisés, que colocava véu sobre a face para que as pessoas não atentassem para a glória desvanecente do seu rosto. Moisés foi um homem ousado. Enfrentou com grande galhardia Faraó e seus exércitos. Liderou o povo de Israel em sua heroica saída do cativeiro. Porém, houve um dia em que Moisés deixou de ser ousado e colocou uma máscara. Foi quando desceu do monte Sinai. Na ocasião, seu rosto brilhava. Então, colocou um véu para que as pessoas pudessem se aproximar dele. De repente, Moisés percebeu que o brilho da glória de Deus estava se desvanecendo de seu rosto. Porém, ele continuou com o véu. Ele não queria que as pessoas soubessem que a glória estava acabando. Moisés manteve o véu para impressionar o povo. Ele usou a máscara da piedade. Muitas vezes as pessoas ficam impressionadas com a beleza das máscaras que usamos. Elas ficam admiradas com a propaganda que fazemos da nossa espiritualidade. Pensam que por trás do véu existe uma luz brilhando, quando, na verdade, esse brilho já se apagou há muito tempo.

2. A MÁSCARA DA AUTOCONFIANÇA. O apóstolo Pedro era um homem de sangue quente. Falava muito e pensava pouco. Um dia, disse a Jesus que estava pronto a ir com ele à prisão. E mais: ainda que todos os demais discípulos o abandonassem, ele jamais faria isso, pois estava pronto a morrer por Jesus. Certamente Pedro pensava que era melhor e mais consagrado do que seus condiscípulos. Dizia com todas as letras: a corda nunca vai roer do meu lado. Mas aquela máscara tão grossa de autoconfiança não passava de uma fina camada de verniz de consumada covardia. Quando foi colocado à prova, Pedro dormiu em vez de vigiar. Ele também abandonou Jesus em vez de ir com ele até a prisão. Pedro seguiu Jesus de longe em vez de estar ao lado de seu mestre. Ele negou Jesus em vez de morrer por ele. Não é diferente conosco. Passamos

uma imagem de que somos muito firmes e fiéis. Até fazemos propaganda de nossa fidelidade incondicional a Jesus. Mas, muitas vezes, essa autoconfiança não passa de uma máscara para impressionar as pessoas.

3. A MÁSCARA DA HIPOCRISIA. Os fariseus eram os santarrões que tocavam trombetas acerca de sua espiritualidade. Faziam propaganda de sua piedade. Julgavam-se melhores do que os outros. Achavam que só eles eram fiéis. Quem não concordasse com eles era riscado do seu mapa. Eram especialistas em ver um cisco no olho de outra pessoa, mas incapazes de enxergar a trave que estava em seus olhos. Contudo, toda aquela aparência de santidade não passava de uma máscara de hipocrisia. A espiritualidade dos fariseus era só casca, apenas propaganda falsa. Por isso, Jesus chamou os fariseus de hipócritas, ou seja, atores que representam um mero papel. Disse ainda que eles eram como sepulcros caiados: bonitos por fora, mas cheios de imundície por dentro.

E quanto a nós? Também fazemos uso das máscaras aqui mencionadas? Se sim, precisamos humildemente entender que somente pelo poder do Espírito Santo poderemos removê-las. Vamos começar a fazer isso agora?

Alegria indizível: evidência da plenitude do Espírito

A quem [Jesus Cristo], não havendo visto, amais;
no qual, não vendo agora, mas crendo, exultais
com alegria indizível e cheia de glória (1Pe 1.8).

O APÓSTOLO PEDRO, EM SUA PRIMEIRA CARTA, FALA DE UMA ALEGRIA INDIZÍVEL E CHEIA DE GLÓRIA. ESSA ALEGRIA É MAIS do que um sentimento que alimentamos, fruto de circunstâncias favoráveis. Essa alegria não vem de nós mesmos nem dos outros, porque é uma alegria vinda do alto, gerada por Deus, ação do Espírito Santo em nós. Martyn Lloyd-Jones, em seu livro *Joy Unspeakable* [Alegria indizível], afirma que essa alegria é o resultado da plenitude do Espírito Santo. Vamos, agora, considerar algumas características dessa alegria:

1. A ALEGRIA INDIZÍVEL TEM UMA ORIGEM DIVINA. A alegria indizível não é produzida na terra. Também não é resultado de uma personalidade amável, de um temperamento dócil ou mesmo de circunstâncias favoráveis. Nenhuma experiência vivida por nós, por mais intensa e arrebatadora, poderia ser classificada como uma alegria indizível e cheia de glória. A alegria que estamos estudando tem uma origem celestial. E o próprio Deus é a fonte dessa alegria.

PARTE I – AS MARCAS DA VIDA CRISTÃ

Só na presença dele existe plenitude de alegria. Só na sua destra há delícias perpetuamente.

2. A ALEGRIA INDIZÍVEL TEM UMA NATUREZA SOBRENATURAL. A Bíblia diz que a alegria faz parte do próprio conteúdo do evangelho, pois o evangelho é boa-nova de grande alegria. O reino de Deus, que está dentro de nós, é alegria no Espírito Santo. O fruto do Espírito é alegria, e a ordem de Deus é: *Alegrai-vos*. A alegria que nasce em Deus e jorra para o nosso coração por intermédio do Espírito Santo não é apenas um sentimento de bem-estar nem um momento de euforia que se esvai com o tempo. Não é como a alegria passageira que os aventureiros buscam na cama do adultério nem como o êxtase que se busca nas aventuras loucas das drogas. Pelo contrário, é uma alegria pura e santa que asperge a alma com o bálsamo da paz. É um contentamento que domina mente e coração mesmo quando as circunstâncias são tempestuosas. Pedro fala dessa alegria para os crentes da Dispersão, para pessoas que estavam sendo banidas da sua terra e perseguidas pelo mundo.

3. A ALEGRIA INDIZÍVEL TEM UM PROPÓSITO GLORIOSO. Quando o povo de Deus desfruta da alegria de Deus, o próprio Senhor é glorificado. Não há melhor maneira de se recomendar o evangelho do que por meio de um indivíduo que experimenta a antecipação da glória neste mundo tenebroso. Não há impacto mais poderoso no mundo do que um cristão, depois de ser torturado, cantar na prisão. Não há argumento mais eloquente acerca do poder do evangelho do que um cristão ser afligido e ainda assim estar com um brilho na face e cânticos de louvor nos lábios. Não há evidência mais robusta acerca do poder de Deus do que um cristão, mesmo depois de enfrentar as perdas mais severas, adorar a Deus e dizer: "O Senhor Deus deu, o Senhor Deus tomou, bendito seja o nome do Senhor".

4. A ALEGRIA INDIZÍVEL TEM UM RESULTADO EXTRAORDINÁRIO. Se o propósito da alegria indizível é trazer glória ao nome de

Deus no céu, o seu resultado é transformar vidas na terra. A alegria indizível do povo de Deus é um testemunho eloquente acerca do poder transformador do evangelho. É um argumento irresistível, uma prova insofismável e uma evidência irrefutável de que o evangelho não é uma sugestão tosca para iludir pessoas incautas, mas o poder de Deus para a salvação de todo aquele que crê. A alegria é uma poderosa força evangelizadora na terra. A alegria do povo de Deus é uma voz altissonante acerca da eficácia da mensagem evangélica. Na verdade, é uma espécie de apologética final, o argumento irresistível. Neste mundo marcado por tantas más notícias e encharcado de tanta tristeza, podemos experimentar a alegria do céu, a alegria vinda de Deus, a alegria indizível e cheia de glória. Sua alma já transborda dessa alegria? Esse é um privilégio dos remidos do Senhor e uma evidência da plenitude do Espírito Santo.

5. A GENEROSIDADE CRISTÃ É UM EMPRÉSTIMO A DEUS. A palavra de Deus é enfática: *Quem se compadece do pobre ao Senhor empresta, e este lhe paga o seu benefício* (Pv 19.17). Deus sempre demonstra um cuidado especial com os pobres. Deus, porém, faz tanto o rico quanto o pobre. Se o pobre é um mistério divino, o rico tem um ministério divino. O rico não deve acumular sua riqueza com avareza, mas distribuí-la com generosidade. Deve ser rico de boas obras e ter consciência de que o que recebe de Deus com abundância, deve compartilhar com generosidade. Fazer isso é o mesmo que emprestar dinheiro a Deus, pois Deus é o fiador do pobre. Porém, é bom saber que Deus nunca fica em dívida com ninguém. Ele não dá calote. Sua justiça é perfeita, e sua misericórdia não tem fim. Ele é a fonte de todo bem. Tudo o que temos e somos vem de Deus. Riquezas e glórias vêm das suas mãos. É ele quem multiplica a nossa sementeira para continuarmos semeando na vida do nosso próximo. É ele quem nos faz prosperar como fruto da generosidade. É ele quem nos paga em dobro tudo quanto ofertamos ao pobre.

Amor, o argumento irresistível

Novo mandamento vos dou: que vos ameis uns aos outros; assim como eu vos amei, que também vos ameis uns aos outros. Nisto conhecerão todos que sois meus discípulos: se tiverdes amor uns aos outros (Jo 13.34,35).

FRANCIS SCHAEFFER, CONSIDERADO UM DOS MAIS DESTACADOS LÍDERES DO CRISTIANISMO DO SÉCULO PASSADO, DISSE QUE O amor é a apologética final. O amor não consiste em palavras, mas em atitudes. James Hunter, autor do livro *O monge e o executivo*, diz acertadamente que não somos o que falamos; somos o que fazemos. O próprio Filho de Deus é categórico em afirmar que somos conhecidos como seus discípulos pelo amor: *Nisto conhecerão todos que sois meus discípulos: se tiverdes amor uns aos outros* (Jo 13.35). Diante dessas afirmações, destacaremos motivos pelos quais o amor é considerado o argumento irresistível.

1. O AMOR É O ARGUMENTO IRRESISTÍVEL PORQUE É A SÍNTESE DA LEI DE DEUS. Os Dez Mandamentos tratam da nossa relação com Deus e com o próximo. Amar a Deus e ao próximo é a síntese da lei de Deus. Quem ama ao Senhor não busca outros deuses nem faz para si imagens de escultura para adorá-las. Quem ama a Deus não desonra seu nome, mas deleita-se em ter comunhão com ele. Quem ama o próximo honra pai e mãe. Quem ama o próximo jamais cobiça o que lhe pertence; antes, respeita a vida,

a honra, os bens e o nome do próximo. Portanto, o amor é o vetor que governa a vida do cristão.

2. O AMOR É O ARGUMENTO IRRESISTÍVEL PORQUE É O MAIOR DOS MANDAMENTOS. Em Mateus 22.34-40, os fariseus perguntaram a Jesus qual era o maior mandamento da lei de Deus. Em sua resposta, ele citou o *Shema*: *Ouve, Israel, o Senhor, nosso Deus, é o único Senhor. Amarás, pois, o Senhor, teu Deus, de todo o teu coração, de toda a tua alma e de toda a tua força* (Dt 6.4,5). Depois acrescentou: *Amarás o teu próximo como a ti mesmo*. Esse era o credo de Jesus. Com o mestre aprendemos que o amor não é apenas a síntese da lei, mas o maior mandamento da lei. E no amor se cumprem a lei e os Profetas. O amor a Deus e o amor ao próximo não podem ser separados. O apóstolo João diz que não podemos amar a Deus, a quem não vemos, se não amamos o próximo, a quem vemos. Nosso amor a Deus é provado pelo nosso amor ao próximo na medida em que este é inspirado por aquele.

3. O AMOR É O ARGUMENTO IRRESISTÍVEL PORQUE SEU PROPÓSITO NÃO É AGRADAR A SI MESMO, MAS ENTREGAR-SE A SI MESMO. O amor em destaque não é um sentimento, mas uma atitude. Não é amor romântico, mas sacrificial. Não é amor apenas de palavras, mas de fato e de verdade. Não é amor que busca gratificação, mas que se sacrifica sem reservas. Porque Cristo nos amou, entregou-se por nós. De igual modo, devemos dar nossa vida pelos irmãos. O Senhor Jesus é absolutamente claro: *Novo mandamento vos dou: que vos ameis uns aos outros; assim como eu vos amei, que também vos ameis uns aos outros*. Esse mandamento é novo porque Jesus, além de nos dar uma nova ordem, também nos dá um modelo singular.

4. O AMOR É O ARGUMENTO IRRESISTÍVEL PORQUE É A PROVA INSOFISMÁVEL DE QUE SOMOS DISCÍPULOS DE CRISTO. A maior evidência de que somos discípulos de Cristo não é nosso conhecimento nem mesmo os nossos dons, mas o amor. Jesus é categórico

PARTE I — AS MARCAS DA VIDA CRISTÃ

neste ponto: *Nisto conhecerão todos que sois meus discípulos: se tiverdes amor uns aos outros*. O amor é a prova dos noves[*], o sinal mais visível, a marca distintiva, a evidência mais eloquente de que somos seguidores de Jesus. Além do mais, aquele que não ama nunca viu a Deus, pois Deus é amor. Aquele que não ama ainda está nas trevas. Não somos salvos pelo amor, e sim pela graça; no entanto, evidenciamos nossa salvação pela graça através do amor. Portanto, concluímos que o amor não é a causa da nossa salvação, mas a sua evidência irrefutável. O amor não é só um apêndice da vida cristã, mas sua essência. Não é apenas um entre tantos argumentos que evidenciam nosso discipulado, mas o argumento final, o argumento irresistível.

---

[*] Prova dos noves (ou noves fora) é um método para verificar erros realizados nas quatro operações que consiste em tirar os noves dos números de entrada e saída da conta.

Por que não devemos amar o que Deus odeia?

> *Não ameis o mundo nem as coisas*
> *que há no mundo. Se alguém amar o mundo,*
> *o amor do Pai não está nele* (1Jo 2.15).

A PRIMEIRA CARTA DE JOÃO É CONSIDERADA A CARTA DO AMOR. NELA, O APÓSTOLO MOSTRA QUE O AMOR É A EVIDÊNCIA DA salvação, uma vez que aquele que não ama nunca viu a Deus. Quem não ama não nasceu de Deus. Quem não ama ainda vive nas trevas. *Nós sabemos que já passamos da morte para a vida, porque amamos os irmãos* (1Jo 3.14).

Todo aquele que ama é nascido de Deus e conhece a Deus. Porém, nessa mesma carta, João fala de um amor que Deus odeia: o amor ao mundo e às coisas que há no mundo. Por que não devemos amar o que Deus odeia?

1. POR CAUSA DA SUA PROCEDÊNCIA (1Jo 2.16). O apóstolo João escreve: *porque tudo que há no mundo, a concupiscência da carne, a concupiscência dos olhos e a soberba da vida, não procede do Pai, mas procede do mundo.*

O mundo de que fala o apóstolo João não é o mundo físico nem mesmo o mundo das pessoas, mas o mundo como sinônimo de um sistema de valores que está em oposição a Deus. Esse mundo

PARTE I — AS MARCAS DA VIDA CRISTÃ

é governado por uma tríade maligna: a concupiscência da carne, a concupiscência dos olhos e a soberba da vida. O desejo insaciável por aquilo que você vê, a atração irresistível por aquilo que lhe dá prazer e a soberba que o faz sentir mais importante do que é foram as armas que o diabo usou para levar os nossos primeiros pais a caírem no jardim do Éden. Ainda hoje, esses são os instrumentos usados para enganar as almas e afastá-las de Deus. Essa tríade procede do mundo, não de Deus. O mundo é que deu à luz esses instrumentos que se levantam e conspiram contra Deus.

2. POR CAUSA DA SUA INCOMPATIBILIDADE (1Jo 2.15). O apóstolo João é enfático em afirmar que não devemos amar o mundo nem as coisas que há no mundo, pois aquele que ama o mundo, o amor do Pai não está nele. É impossível amar o mundo e a Deus ao mesmo tempo. É impossível ser amigo de Deus e amigo do mundo concomitantemente (Tg 4.4). É impossível conformar-se com o mundo e ao mesmo tempo ser transformado pela renovação da mente (Rm 12.2). Assim como não há compatibilidade entre trevas e luz, não pode haver harmonia entre o crente e o mundo. É ledo engano pensar que nós vamos atrair as pessoas do mundo, imitando o mundo.

Há uma irreconciliável relação entre a igreja e o mundo. A igreja foi tirada do mundo para ser enviada de volta ao mundo. Ela está no mundo sem pertencer a ele. O papel da igreja não é amar o mundo nem as coisas que existem nele. Como cristãos, não podemos ser amigos do mundo nem nos conformarmos com ele. Somos luzeiros no mundo. Somos embaixadores em nome de Cristo, rogando aos homens que se reconciliem com Deus.

3. POR CAUSA DA SUA TRANSITORIEDADE (1Jo 2.17). O apóstolo João conclui: *Ora, o mundo passa, bem como a sua concupiscência; aquele, porém, que faz a vontade de Deus permanece eternamente.* As glórias do mundo são efêmeras. Os prazeres do mundo são transitórios. As alegrias que ele proporciona evaporam

e deixam um rastro de dor. Os que andam segundo o seu curso vivem prisioneiros do diabo, fazendo a vontade da carne e dos pensamentos. O final dessa estrada larga e dessa porta espaçosa é a condenação eterna. Porém, aqueles que aborrecem o mundo e são perseguidos por ele, enquanto fazem a vontade de Deus, prevalecem sobre as dificuldades e permanecem para sempre. A alegria que Cristo oferece é verdadeira e permanente. O mundo não a conhece, não a pode dar nem mesmo tirá-la. A vida com Deus não é transitória nem enfadonha. Recebemos dele uma vida plena, abundante, maiúscula, superlativa, eterna. Aqueles que andam no conselho dos ímpios, que se detêm no caminho dos pecadores e se assentam na roda dos escarnecedores serão dispersos como palha e perecerão eternamente; mas aqueles que fazem a vontade de Deus viverão para todo o sempre, desfrutando de uma alegria indizível e cheia de glória.

Santificação, a condição para as maravilhas divinas

Segui a paz com todos e a santificação, sem a qual ninguém verá o Senhor (Hb 12.14).

O POVO DE ISRAEL ESTAVA NO LIMIAR DA TERRA PROMETIDA. AS AGRURAS DO DESERTO TINHAM FICADO PARA TRÁS. AGORA, era hora de cruzar o Jordão e tomar posse da almejada terra. Porém, havia condições a serem observadas. Josué diz ao povo: *Santificai-vos, porque amanhã o Senhor fará maravilhas no meio de vós* (Js 3.5). Destacamos, à luz desse versículo, cinco verdades importantes:

1. A SANTIFICAÇÃO É UMA ORDEM EXPRESSA DE DEUS. A ordem de Deus é clara: *Santificai-vos.* Sem santificação, ninguém pode ver a Deus. Sem santificação, não existe comunhão com Deus, pois Deus é luz, e só os puros de coração poderão vê-lo face a face.

Deus nos chamou do pecado para a santidade. Ele nos salvou do pecado, não no pecado. Aqueles que são de Deus apartam-se do pecado e deleitam-se na santidade. O povo de Deus é um povo santo, chamado para a santidade. Somos santos posicionalmente, mas devemos nos santificar processualmente. O mesmo Deus que trabalhou por nós na redenção trabalha em nós na santificação.

2. A SANTIFICAÇÃO É UMA CONDIÇÃO PARA AS MARAVILHAS DE DEUS. *Santificai-vos, porque amanhã o Senhor fará maravilhas no meio de vós.* Nós somos as nossas próprias ferramentas. Deus não utiliza grandes talentos, mas vasos limpos. Deus usa homens e mulheres que buscam a santidade. A vitória de Israel sobre seus inimigos não veio de esforços humanos, mas da intervenção divina. As maravilhas divinas deveriam ser precedidas pela santificação do seu povo, pois a santidade abre caminho para as maravilhas divinas. Se queremos ver as manifestações portentosas de Deus em nós e por nosso intermédio, devemos, então, santificar nossa vida. O pecado nos afasta de Deus e atrai sobre nós vergonha e opróbrio, mas a santificação é o caminho da comunhão e da honra.

3. A SANTIFICAÇÃO É UMA EXIGÊNCIA PARA TODO O POVO DE DEUS. Josué é enfático: *Santificai-vos.* A ordem divina era para os sacerdotes, para os levitas, para os homens, mulheres e crianças. Todo o povo de Deus deve ser santo. Todos precisam buscar a santificação como o seu maior tesouro. Devemos desejar Deus mais do que suas bênçãos e buscar a semelhança com Cristo mais do que o sucesso. Devemos querer Deus mais do que as maravilhas divinas. À medida que cuidamos da causa, a santificação, experimentamos o resultado, as maravilhas de Deus.

4. A SANTIFICAÇÃO É UMA EXIGÊNCIA PARA SER OBSERVADA HOJE. Se Deus vai fazer maravilhas amanhã e se a condição indispensável para essas maravilhas é a santificação do povo, então devemos nos santificar hoje. Não podemos adiar essa ordenança divina. A santificação é para hoje, não apenas para a eternidade. Na eternidade, seremos glorificados. Porém, aqui começa o processo da santificação. Hoje é o dia de nos consagrarmos a Deus. Este é o tempo de colocarmos tudo sobre o altar e nos voltarmos para o Senhor de todo o nosso coração.

PARTE I — AS MARCAS DA VIDA CRISTÃ

5. A SANTIFICAÇÃO TORNA O POVO DE DEUS O RECEPTÁCULO DAS MARAVILHAS DIVINAS. Quando o povo de Deus se santifica, Deus opera maravilhas em seu meio. As maravilhas divinas não são feitas apenas por nós, mas, sobretudo, em nós. Somos o receptáculo dessas maravilhas e, em seguida, os instrumentos pelos quais essas bênçãos fluem para o mundo. Somos abençoados para sermos abençoadores. Pela santificação, tornamo-nos imitadores de Deus e canais das bênçãos de Deus para o mundo inteiro.

A vida ou a morte, o que você vai escolher?

*Vê que proponho, hoje, a vida e o bem, a morte
e o mal; [...] escolhe, pois, a vida, para que
vivas, tu e a tua descendência* (Dt 30.15,19).

O DESAFIO QUE MOISÉS FEZ AO POVO DE ISRAEL NO LIMIAR DA TERRA PROMETIDA É O MESMO FEITO POR SALOMÃO QUInhentos anos depois. O rei Salomão faz um contraste entre o néscio e o sábio. O néscio é aquele que tapa os ouvidos à voz de Deus e segue seu caminho cheio de autoconfiança. Sua sensação de bem-estar é seu maior perigo. Ele caminha para a morte, mesmo imaginando que está saboreando a vida. O sábio, porém, é aquele que, com prontidão, escuta a voz de Deus e lhe obedece. Esse habitará seguro e não terá temor do mal. A vida e a morte estão à sua frente. Você pode escolher a vida. Você pode evitar a morte. Destacaremos estes dois pontos aqui:

1. O RISCO DE SE DESVIAR DE DEUS. Está escrito: *Os néscios são mortos por seu desvio, e aos loucos a sua impressão de bem-estar os leva à perdição* (Pv 1.32). Deus é a fonte da vida, e longe de Deus prevalece a morte. O néscio despreza a palavra de Deus, julgando-se sábio, mas opta pela morte, pois o caminho da desobediência é uma autopista que leva à morte física e eterna. O homem

PARTE I — AS MARCAS DA VIDA CRISTÃ

pode escolher a maneira de viver, mas não pode escolher as consequências de suas escolhas. Pode adotar um estilo de vida, mas não pode determinar os seus resultados. Quem tapa os ouvidos à voz de Deus e despreza seus ensinos coloca os pés numa estrada de morte. Nessa jornada rumo à morte há muitos atrativos e muitos prazeres efêmeros. É uma estrada larga. É um caminho espaçoso. Por esse caminho transita uma multidão. A regra desse caminho é a libertinagem, ou seja, a liberdade sem limites. Nada é proibido, tudo é aceitável. Todos os transeuntes devem se sentir bem. A impressão de bem-estar deve reger a todos, o tempo todo, em todos os lugares. Porém, essa sensação é uma armadilha mortal. Ela tem o poder de anestesiar a alma e entorpecer os sentimentos. Aqueles que seguem por essa estrada larga sentem-se seguros e acompanhados por uma miríade de outros caminhantes. Todos parecem seguros, enquanto sorvem cada gota de todas as taças dos prazeres. Mas essa sensação de bem-estar é o portal da morte, o corredor da perdição. Fuja da morte e escolha a vida! Deus propõe para você a salvação, e não a perdição!

2. A SEGURANÇA INABALÁVEL DE OUVIR A VOZ DE DEUS. Está registrado na Escritura: *Mas o que me der ouvidos habitará seguro, tranquilo e sem temor do mal* (Pv 1.33). Salomão contrasta os desastres da desobediência com os benefícios da obediência. A desobediência produz morte e perdição, mas a obediência aos preceitos divinos resulta em segurança e confiança. Aqueles que obedecem a Deus vivem seguros, tranquilos e sem temor do mal, mesmo cercados por um mundo violento. Deus mesmo é o nosso muro protetor. Ele é o nosso refúgio e fortaleza, socorro bem presente nas tribulações. Ele é o nosso escudo e nossa proteção. Ele prometeu estar conosco todos os dias até à consumação do século e é fiel para cumprir sua palavra. Promessa de Deus e realidade são a mesma coisa, pois Deus vela pela sua palavra. Quando Deus fala, ele cumpre. Quando Deus faz, ninguém pode impedir sua

mão de fazer. A recompensa para aqueles que tapam os ouvidos à voz sedutora dos pecadores a fim de ouvir e obedecer aos preceitos divinos é que seremos um carvalho de justiça em meio aos vendavais da vida. Teremos uma âncora firme nas tempestades da jornada. Cruzaremos incólumes o mar revolto da vida e navegaremos confiantes para o porto seguro. Mesmo que as circunstâncias sejam adversas, teremos paz. Mesmo que os perigos sejam imensos, teremos segurança. Mesmo que os inimigos sejam muitos, teremos vitória. Mesmo que o medo tente nos assaltar, teremos conforto. Mesmo que todos os homens se voltem contra nós, Deus nos cobrirá debaixo de suas asas.

A virtude que promove a unidade cristã

Nada façais por partidarismo ou vanglória, mas por humildade, considerando cada um os outros superiores a si mesmo (Fp 2.3).

A HUMILDADE É A VIRTUDE QUE PROMOVE A UNIDADE CRISTÃ. A humildade é o remédio para os males que atacam a unidade da igreja. A palavra grega *tapeinophrosyne* é um termo cunhado pelo cristianismo. Humildade era uma expressão carregada de opróbrio no pensamento grego, tendo conotações de "servilismo", como nas atitudes de um homem vil ou de um escravo. Quase sempre entre os escritores gregos, "humildade" tem um significado negativo. Entre o povo de Deus, porém, a humildade é um imperativo, pois Deus *escarnece dos escarnecedores, mas dá graça aos humildes* (Pv 3.34). *Deus resiste aos soberbos, mas dá graça aos humildes* (Tg 4.6). O apóstolo Pedro ordena: *Humilhai-vos, portanto, sob a poderosa mão de Deus, para que ele, em tempo oportuno, vos exalte* (1Pe 5.6).

A humildade deve ser a marca do cristão, pois seu Senhor e mestre foi *manso e humilde de coração* (Mt 11.29). Os discípulos de Cristo demoraram a entender essa lição e muitas vezes discutiram quem devia ter a primazia entre eles. Nessas ocasiões, Jesus lhes dizia que maior é o que serve, e que ele mesmo veio não para ser servido, mas para servir (Mc 10.45). Vejamos três fatos importantes para o entendimento deste tema:

1. O QUE É HUMILDADE (Fp 2.3). A humildade provém do verdadeiro conhecimento de Deus e do correto conhecimento de nós mesmos. Enquanto a ambição e o preconceito arruínam a unidade da igreja, a genuína humildade a edifica. Ser humilde envolve ter uma correta perspectiva sobre nós mesmos em relação a Deus (Rm 12.3), o que, por sua vez, nos coloca numa correta perspectiva em relação ao próximo. O orgulho jamais prevalece no coração de alguém que conhece a Deus e a si mesmo.

2. COMO A HUMILDADE SE MANIFESTA (Fp 2.3,4). O apóstolo Paulo menciona duas manifestações da humildade. A humildade olha para o outro com honra (Fp 2.3). No capítulo primeiro, Paulo colocou Cristo em primeiro lugar (Fp 1.21). Agora, coloca o outro acima do eu (Fp 2.3). Uma pessoa humilde não tem sede de fama, projeção e aplausos. Ela não se embriaga com o poder. Ela não busca os holofotes do palco nem corre atrás das luzes da ribalta. Uma pessoa humilde não canta "Quão grande és tu" diante do espelho.

A humildade busca o interesse do outro com solicitude (Fp 2.4). A igreja de Filipos era multirracial: Lídia era uma judia rica, a jovem liberta era uma escrava grega, e o carcereiro era um oficial romano da classe média. Nessas condições, não era fácil manter a unidade da igreja. Ter interesse em proteger os interesses alheios, porém, faz parte dos alicerces da ética cristã. No mundo, cada um cuida primeiro de si, pensa somente em si e tem o olhar atento apenas para os próprios interesses. Os interesses dos outros estão fora de seu verdadeiro campo de visão. Por isso, tampouco, existe no mundo verdadeira comunhão, mas somente o medo recíproco e a ciumenta autodefesa. Na irmandade da igreja de Jesus pode e deve ser diferente.

PARTE I — AS MARCAS DA VIDA CRISTÃ

3. O SUPREMO EXEMPLO DA HUMILDADE (Fp 2.5). Nesse capítulo dois da carta aos Filipenses, Paulo cita quatro exemplos de humildade, ou seja, colocar o "outro" na frente do "eu" (Fp 2.5; 2.17; 2.20; 2.30). Porém, o argumento decisivo é o exemplo de Cristo (Fp 2.5). O exemplo de Cristo é sempre o argumento supremo de Paulo na exortação ética, principalmente quando trata do interesse altruísta pelo bem-estar do próximo. Se o exemplo de Cristo deve ser seguido, é melhor, então, interessar-se mais pelos direitos dos outros e pelos nossos deveres, do que cuidar principalmente de nossos direitos e dos deveres dos outros.

O texto que registra a encarnação, o esvaziamento, a humilhação, obediência, morte e exaltação de Cristo não é uma peça doutrinária escrita por um teólogo de gabinete que está traçando reluzentes verdades doutrinárias contra o nevoeiro denso das heresias, mas foi escrito por um homem que, com humildade e amor, lutava pela verdadeira concórdia de seus irmãos. Essas frases, com todo o seu teor dogmático, são parte dessa luta. A leitura correta desse magno texto cristológico não é apenas aquela que trata da humilhação e exaltação do Filho de Deus, mas a que abala nosso coração egoísta e vaidoso por meio da trajetória seguida por Jesus.

Amor e ódio de mãos dadas

O amor seja sem hipocrisia. Detestai
o mal, apegando-vos ao bem (Rm 12.9).

AMOR E ÓDIO SÃO SENTIMENTOS ANTAGÔNICOS E IRRECONCI-
LIÁVEIS. ESTÃO SEMPRE EM OPOSIÇÃO. NÃO PODEM CAMINHAR
juntos. Abraçar um é repudiar o outro. Porém, num certo aspecto,
amor e ódio precisam dar as mãos. Escrevendo sua carta aos
Romanos, o apóstolo Paulo afirma: *O amor seja sem hipocrisia.*
Detestai o mal, apegando-vos ao bem (Rm 12.9). Aqui, amor e ódio
não se excluem mutuamente; completam-se. Não são opositores,
mas parceiros!

O amor deve ser o vetor que guia os nossos passos e inspira as
nossas motivações. Sem amor, nossa voz é um barulho confuso e
nossas obras são pura vaidade. Sem amor, nossas motivações são
adoecidas pelo egoísmo e nossas ações são desprovidas de bondade.
O amor, entretanto, precisa ser verdadeiro, e não hipócrita. O que
é um amor hipócrita? É aquele que se apresenta com belos discur-
sos, mas se afasta covardemente na hora da necessidade. O amor
sincero, por sua vez, é aquele cujas obras de misericórdia são os
avalistas das palavras de bondade. É neste contexto que o apóstolo
Paulo diz que o amor e o ódio precisam dar as mãos. Quem ama
detesta o mal e apega-se ao bem. Quem ama não pode ser coni-
vente com o mal nem parceiro dele. Quem ama precisa ter pulso

PARTE I — AS MARCAS DA VIDA CRISTÃ

firme para combater o mal em todo o tempo, em todo lugar e de todas as formas. O amor que se corrompe e se mancomuna com o mal é um simulacro do amor verdadeiro, uma paixão carnal que deve ser repudiada com veemência. Mas, não basta ao amor detestar o mal. Esse é apenas um lado da moeda. É o lado negativo. Precisamos ir além. Precisamos dar mais um passo. Precisamos nos apegar ao bem. Apegar-se ao bem, entrementes, não é defendê-lo e praticá-lo apenas ocasionalmente, mas, sobretudo, ter uma atitude firme, perseverante e consistente na defesa e na promoção do bem em todo o tempo, em todos os lugares, sob todas as circunstâncias. O pecado da omissão é mui grave aos olhos de Deus. Aquele que sabe que deve fazer o bem e não o faz peca contra Deus, contra o próximo e contra si mesmo. Repudiar o mal sem promover o bem, condenar o erro sem praticar a justiça, refrear as mãos do erro sem estendê-las à prática das boas obras não são expressões saudáveis da fé cristã. Na mesma medida e com a mesma intensidade com que rechaçamos o mal, devemos praticar o bem. Com a mesma veemência com que repudiamos o pecado, devemos buscar a santidade. Só assim, seremos o sal da terra que coíbe a corrupção da sociedade e a luz do mundo que aponta o caminho aos errantes.

Na vida do cristão, amor e ódio habitam debaixo do mesmo teto, comem na mesma mesa e se hospedam no mesmo coração: o amor ao bem e o ódio ao mal!

Amor, a verdadeira marca do cristão

Ainda que eu fale as línguas dos homens e dos anjos, se não tiver amor, serei como o bronze que soa ou como o címbalo que retine (1Co 13.1).

O APÓSTOLO PAULO, EM 1CORÍNTIOS 13, FALA SOBRE TRÊS ASPECTOS DO AMOR, A VERDADEIRA MARCA DO CRISTÃO. Vamos examinar esses três aspectos:

1. A SUPERIORIDADE DO AMOR (1Co 13.1-3). Depois de tratar dos dons espirituais, Paulo aborda um caminho sobremodo excelente. Em 1Coríntios 13.1-3, fala da superioridade do amor sobre os dons espirituais. O que caracteriza a verdadeira espiritualidade é o amor, e não os dons. A igreja de Corinto tinha todos os dons, mas era imatura espiritualmente. Conhecemos um cristão maduro pelo fruto do Espírito, e não pelos dons do Espírito. No texto em apreço, Paulo diz que o amor é superior ao dom de variedade de línguas (1Co 13.1), ao dom de profecia (1Co 13.2), ao dom de conhecimento (1Co 13.2), ao dom da fé (1Co 13.2), ao dom de contribuição (1Co 13.3) e até mesmo ao martírio (1Co 13.3). Sem amor, os dons podem ser um festival de competição em vez de ser uma plataforma de serviço. Sem amor, nossas palavras, por mais eloquentes, produzem um som confuso e incerto. Sem amor, mesmo que

ostentando os dons mais excelentes, como profecia, conhecimento e fé, nada seremos. Sem amor, nossas ofertas podem ser egoístas, visando apenas nosso engrandecimento em vez da glória de Deus e o bem do próximo. Sem amor, nossos gestos mais extremos de abnegação, como o próprio martírio, de nada nos aproveitarão. O amor dá sentido à vida e direção na caminhada. Quem ama vive na luz, conhece a Deus e é conhecido como discípulo de Jesus.

2. AS VIRTUDES DO AMOR (1Co 13.4-8). Como podemos descrever as virtudes do amor? Nesse mais importante texto sobre o amor, o apóstolo Paulo nos oferece uma completa definição. Primeiro, o amor é conhecido por aquilo que ele é: o amor é paciente e benigno. Segundo, o amor é conhecido por aquilo que ele não faz: o amor não arde em ciúmes, não se ufana, não se ensoberbece, não se conduz inconvenientemente, não procura seus interesses, não se exaspera, não se ressente do mal, não se alegra com a injustiça. Terceiro, o amor é conhecido por aquilo que ele faz: o amor regozija-se com a verdade. Quarto, o amor também é conhecido por aquilo que ele é capaz de enfrentar na jornada da vida: o amor tudo sofre, tudo crê, tudo espera, tudo suporta. Finalmente, o amor é conhecido pela sua indestrutibilidade: o amor jamais acaba; mas havendo profecias, desaparecerão; havendo línguas, cessarão; havendo ciência, passará. O amor é a maior das virtudes, o maior dos mandamentos, o cumprimento da lei de Deus. O amor é a maior evidência de maturidade espiritual, a mais eloquente comprovação do discipulado e a garantia mais sólida da genuína conversão.

3. A PERENIDADE DO AMOR (1Co 13.9-13). O amor jamais vai acabar porque, agora, em parte, conhecemos e, em parte, profetizamos. Porém, quando Jesus voltar em sua majestade e glória, inaugurando o que é perfeito, então, o que é em parte será aniquilado. Agora, vemos como em espelho, obscuramente; então, veremos face a face. Quando Jesus voltar e recebermos um corpo imortal,

incorruptível, glorioso, poderoso, espiritual, celestial, semelhante ao corpo de sua glória, então, conheceremos como também somos conhecidos. Agora, permanecem a fé, a esperança e o amor, estes três; porém o maior destes é o amor. No céu não precisaremos mais de fé nem mesmo de esperança, mas o amor será o oxigênio do céu, o fundamento de todas as nossas relações pelo desdobrar da eternidade. Porque Deus é eterno e é amor, o amor dura para sempre. Ainda que o sol pudesse perder sua luz e sua claridade; ainda que as estrelas deixassem de brilhar no firmamento; ainda que os mares secassem e os prados verdejantes se tornassem desertos tórridos, ainda assim, o amor continuaria sobranceiro, vivo e vitorioso para sempre e sempre. O amor jamais acaba. O amor é a verdadeira marca do cristão, desde agora e para sempre!

Atributos de um homem de Deus

Então, a mulher disse a Elias: Nisto conheço
agora que tu és homem de Deus e que a palavra
do Senhor na tua boca é verdade (1Rs 17.24).

A VIÚVA DE SAREPTA, DIRIGINDO-SE AO PROFETA ELIAS, DISSE: *... CONHEÇO AGORA QUE TU ÉS HOMEM DE DEUS...* (1Rs 17.24). Quais foram os atributos desse homem de Deus?

1. ELIAS FOI UM HOMEM QUE ANDOU NA PRESENÇA DE DEUS (1Rs 17.1). Elias era um homem desconhecido, de uma família desconhecida, de um lugar desconhecido, mas um homem levantado por Deus em tempo de crise política e apostasia religiosa. Elias apresentou-se ao ímpio rei Acabe para trazer-lhe uma palavra de juízo, porque Israel estava rendido à idolatria, servindo a Baal, o deus da prosperidade. Deus fechou as comportas do céu e as chuvas foram retidas por três anos e meio. A seca implacável não foi apenas um fenômeno da natureza, mas um juízo divino ao povo rebelde. Elias disse ao rei: *Tão certo como vive o Senhor, Deus de Israel, perante cuja face estou, nem orvalho nem chuva haverá nestes anos, segundo a minha palavra.* Elias foi um homem de Deus porque viveu na presença de Deus, em vez de andar segundo os ditames do mundo.

MENSAGENS SELECIONADAS PARA A VIDA

2. ELIAS FOI UM HOMEM QUE OROU POR GRANDES CAUSAS (1Rs 17.19-22). Não obstante ser um homem semelhante a nós, sujeito aos mesmos sentimentos (Tg 5.17), Elias foi poderosamente usado por Deus tanto na oração como na pregação. Elias falou a Deus e falou ao povo. Ele orou com instância para não chover, e não choveu (Tg 5.17). Ele orou, e o filho único da viúva de Sarepta ressuscitou (1Rs 17.19-22). Ele orou, e fogo do céu caiu, numa retumbante demonstração do poder de Deus diante da impotência dos ídolos (1Rs 18.36-39). Ele orou, e o céu deu chuva novamente (Tg 5.18; 1Rs 18.42-45). Inspirado na vida de Elias, Tiago ilustrou o princípio bíblico: *Muito pode, por sua eficácia, a súplica do justo* (Tg 5.16). Escasseiam em nossa geração os homens de oração. Precisamos não apenas de homens cultos e influentes na sociedade, mas, sobretudo, de homens conhecidos no céu, homens de oração. Nosso maior anelo é que se levantem, em nosso tempo, homens que tenham a humildade de se dobrar diante de Deus, para que tenham a coragem de se levantar diante dos homens.

3. ELIAS FOI UM HOMEM QUE CORAJOSAMENTE CONFRONTOU O PECADO (1Rs 17.1; 18.18,21). Elias não foi um profeta da conveniência. Não fez do seu ministério uma plataforma de relações públicas. Jamais negociou a verdade. Nunca deixou de atacar firmemente as fortalezas do pecado. Anunciou o juízo de Deus sobre a nação apóstata. Confrontou o perverso rei Acabe, chamando-o de perturbador de Israel. Denunciou a atitude covarde do povo, que vivia coxeando entre dois pensamentos. Desafiou os profetas de Baal, expondo aos olhos da nação a inoperância de seus ídolos. Precisamos de homens que tenham coragem de denunciar o pecado no palácio e na choupana. Na política e na religião. Na vida dos líderes e dos liderados.

4. ELIAS FOI UM HOMEM EM CUJA BOCA A PALAVRA DE DEUS ERA A VERDADE (1Rs 17.24). A viúva de Sarepta, ao ver seu filho morto retornando à vida pela oração de Elias, afirmou: ... *a palavra*

do Senhor na tua boca é verdade. Uma coisa é pronunciar a palavra de Deus; outra coisa é ser boca de Deus. Nem todas as pessoas que proclamam a palavra de Deus são boca de Deus. O profeta Jeremias diz que aqueles que são boca de Deus arrependem-se de seus pecados, andam na presença de Deus e apartam o precioso do vil (Jr 15.19). E. M. Bounds disse, com razão, que homens mortos tiram de si palavras mortas, e palavras mortas matam. Lutero dizia que sermão sem unção endurece os corações. Nas palavras de Jonathan Edwards, precisamos de homens que tenham luz na mente e fogo no coração. Homens que conheçam não apenas a respeito de Deus, mas, sobretudo, conheçam a intimidade de Deus.

O imperativo da unidade cristã

*Completai a minha alegria, de modo que penseis a
mesma coisa, tenhais o mesmo amor, sejais unidos
de alma, tendo o mesmo sentimento* (Fp 2.2).

O APÓSTOLO PAULO ESTÁ PRESO E ALGEMADO NA ANTESSALA
DO MARTÍRIO, MAS SUA ATENÇÃO NÃO ESTÁ VOLTADA PARA SI
mesmo. Havia alegria em seu coração (Fp 4.4,10), mas sua medida
ainda não estava cheia. Um grau mais elevado de unidade, de
humildade e de solicitude em família podia completar o que ainda
faltava no cálice da alegria de Paulo. Seu principal anseio não era
a rápida libertação da prisão, mas o progresso espiritual dos filipenses. Sua alegria não vinha de suas condições pessoais, mas da
condição da igreja de Deus. Mesmo preso, Paulo diz que a igreja
de Filipos era sua alegria e coroa (Fp 4.1). Suas orações em favor
dos cristãos filipenses eram orações alegres (Fp 1.4). Mas, agora,
o apóstolo deseja que o cálice da sua alegria transborde e por isso
ordena: *completai a minha alegria, de modo que penseis a mesma
coisa, tenhais o mesmo amor, sejais unidos de alma, tendo o mesmo
sentimento* (Fp 2.2). Paulo não pode estar alegre enquanto o espírito de facção existir nessa generosa igreja de Filipos. Paulo exorta
aqueles irmãos para que tenham unanimidade de coração. Não se
trata da unanimidade formal que se consegue manter mediante

PARTE I — AS MARCAS DA VIDA CRISTÃ

o poder de veto; trata-se daquela unanimidade sincera de propósitos, pela qual ninguém deseja impor um veto sobre as pessoas.

Aquela mesma igreja que estava comprometida com Paulo no apoio missionário, dando-lhe conforto e sustento financeiro, era ameaçada por divisões internas, e isso estava tolhendo a alegria no coração do velho apóstolo. Como a igreja poderia completar a alegria de Paulo?

1. DEMONSTRANDO UNIDADE DE PENSAMENTO (Fp 2.2). A unidade de pensamento não é fácil de alcançar, especialmente quando as pessoas têm uma mente ativa e um espírito independente. O verbo grego *phronein*, usado aqui para definir "o pensar a mesma coisa", aparece nesta carta dez vezes, enquanto aparece apenas mais treze vezes em todas as demais epístolas. Usando a palavra *phronein*, Paulo não tem em vista o "pensamento" teórico do teólogo, mas o pensar prático, subordinado ao querer. Aqui se trata do "pensamento" que conduziu o Filho de Deus do trono da glória para a vergonha da morte na cruz! Se todos "pensarem" da maneira como Jesus Cristo pensou, ao morrer por pecadores, não poderão se separar; hão de apegar-se aos irmãos. Fica claro que a palavra *phronein*, traduzida aqui por "mente", denota não uma capacidade intelectual, mas uma ação e uma atitude moral. Obviamente, "ter uma só mente" não significa que os crentes têm que concordar em tudo; em vez disso, cada crente deve ter a mesma atitude de Cristo (Fp 2.5).

2. DEMONSTRANDO UNIDADE NOS RELACIONAMENTOS (Fp 2.2). Os irmãos da igreja de Filipos precisavam ter o mesmo amor uns pelos outros, igual ao que Cristo tinha por eles. O amor de Cristo o trouxe do céu para a humilde condição da natureza humana, para morrer na cruz em favor dos pecadores. Embora os crentes não possam fazer o que Cristo fez, eles podem seguir seu exemplo, quando expressam o mesmo amor na maneira de lidar uns com os outros.

3. Demonstrando unidade espiritual (Fp 2.2). A igreja precisa ser unida de alma. Jesus orou para que todos aqueles que creem possam ser um, como ele e o Pai são um (Jo 17.22-24). Essa frase significa dois corações batendo como se fossem um só. Na igreja de Deus não há espaço para disputas pessoais. A igreja não é um concurso de projeção pessoal nem um campeonato de desempenhos pessoais. A igreja é um corpo onde cada membro coopera com o outro, visando a edificação de todos.

4. Demonstrando unidade de sentimento (Fp 2.2). A igreja precisa ter o mesmo sentimento. A igreja é como um coro que deve cantar no mesmo tom. Os crentes não são competidores, mas cooperadores. Eles não são rivais, mas parceiros. Não estão lutando por causas pessoais, mas todos estão buscando a glória de Deus.

Obedecer é preciso!

Regozijai-vos na esperança, sede pacientes na tribulação, na oração, perseverantes (Rm 12.12).

O APÓSTOLO PAULO, EM SUA CARTA AOS ROMANOS, DESTACA TRÊS IMPERATIVOS VITAIS PARA A VIDA CRISTÃ. QUE IMPERA-tivos são esses? Vejamos: *regozijai-vos na esperança, sede pacientes na tribulação, na oração, perseverantes* (Rm 12.12).

1. PRECISAMOS TER UMA ESPERANÇA CHEIA DE ALEGRIA (Rm 12.12a). A esperança é o combustível que nos alimenta em nossa jornada rumo ao futuro. Sem esperança, tombaremos vencidos nas estradas da vida. Sem esperança, nossa alma murcha no calor tórrido da existência, nosso sorriso se apaga em nossos lábios e o choro amargo embaça nossa visão. Sem esperança, a vida torna-se um fardo pesado, um grito de dor, uma sinfonia de gemidos. A esperança é o óleo que unge nossa cabeça, a força que tonifica a nossa alma, a motivação que impulsiona a nossa caminhada. Muitas pessoas já naufragaram nas tempestades da vida e perderam a esperança de livramento. Outras só esperam aquilo que lhes traz desesperança. Nós, todavia, somos daqueles que esperam até mesmo contra a esperança. Nossa esperança não é uma expectativa vaga, mas uma certeza experimental. Não se confunde, porque o amor de Deus é derramado em nossos corações. Por isso, é

tempo de avançarmos rumo ao futuro com um cântico nos lábios e desfraldando o pendão da vitória, regozijando-nos na esperança.

2. PRECISAMOS TER UMA PACIÊNCIA TRIUNFANTE NA TRIBULAÇÃO (Rm 12.12b). A vida não é um parque de diversões nem uma colônia de férias. Não vivemos numa estufa espiritual nem estamos blindados contra as vicissitudes da vida. Estamos sujeitos às borrascas perigosas e às crises mais avassaladoras. Muitas vezes, somos assolados por circunstâncias amargas. É uma doença grave, um divórcio doloroso, um luto traumático. Muitas vezes, somos atacados com armas de grosso calibre e nossos inimigos conspiram contra nós para nos destruir. Somos vítimas de calúnias injuriosas, de acusações levianas e de mentiras destrutivas. Não raro, ao passarmos por esse vale de prova, por esse deserto causticante, ficamos impacientes e até revoltados. A ordem da palavra de Deus, porém, nos leva para outra direção. Devemos ser pacientes na tribulação. A paciência aqui não é uma atitude estoica de suportar a dor com os dentes trincados, mas é lidar com a tribulação com um otimismo inabalável. A tribulação é uma prensa que nos esmaga, o rolo compressor que passa sobre nós como um descascador de cereais que separa a palha do grão. As tribulações não vêm para nos destruir, mas para nos purificar, para nos tornar mais parecidos com Jesus, que aprendeu pelas coisas que sofreu. Se você está sendo provado, acalme seu coração. Tenha paciência, pois Deus está trabalhando.

3. PRECISAMOS TER UMA FIRME PERSEVERANÇA NA ORAÇÃO (Rm 12.12c). A oração é a usina de poder que mantém nossa vida em movimento. Sem oração, não há força para caminharmos vitoriosamente. A oração une a fraqueza humana à onipotência divina e conecta o altar com o trono. A oração liga a terra ao céu. Quando oramos, movemos a mão daquele que move o mundo. O Deus soberano escolheu agir na história por intermédio da oração de seu povo. Tornamo-nos parceiros de Deus no governo do mundo por

meio da oração. Mas não basta orar; precisamos perseverar na oração. Muitos têm entusiasmo para começar uma reunião de oração, mas perdem o vigor no meio do caminho e retrocedem. O fogo no altar da oração não pode ser apagado. Precisamos orar sem cessar. Precisamos orar sempre, sem esmorecer. Essa é uma batalha sem trégua, um luta sem pausa. Se a igreja parar de orar, ela perde o poder. A oração, porém, abre o caminho para a plenitude do Espírito, e a plenitude do Espírito produz santidade e poder. Os grandes avivamentos da história foram precedidos por perseverantes reuniões de oração. Os grandes problemas do mundo foram vencidos quando a igreja de Deus se pôs de joelhos. Não cesse de orar, pois coisas grandes da parte de Deus estão a caminho.

Onde a felicidade não está presente

Disse comigo: vamos! Eu te provarei com a alegria; goza, pois, a felicidade; mas também isso era vaidade (Ec 2.1).

O REI SALOMÃO, ENTREGUE ÀS COGITAÇÕES DE SEU CORAÇÃO, NUMA CONVERSA CONSIGO MESMO, DISSE: ... *VAMOS! EU TE provarei com a alegria; goza, pois, a felicidade; mas também isso era vaidade* (Ec 2.1). Salomão foi o homem mais rico de sua geração. Sua fama era notória. Seu poder era colossal. Seu reino era esplêndido. Mesmo cercado de tanta pompa e luxo, mesmo habitando no pináculo do sucesso, mesmo sendo o rei mais conhecido e famoso de sua geração, perdeu-se nos labirintos de sua própria alma. Enfastiado com o *glamour* do mundo, Salomão procurou a felicidade em fontes nas quais ela não estava presente.

1. SALOMÃO BUSCOU A FELICIDADE NA BEBIDA (Ec 2.3). Pensou que a felicidade estava no fundo de uma garrafa. Mas a alegria do vinho é passageira e as consequências da embriaguez são danosas. Muitos ainda hoje entregam-se à bebedeira para a ruína de sua vida, para a destruição de sua reputação e para a dissolução de sua família. A alegria etílica evapora rapidamente. Não suporta as crises da vida. A verdadeira alegria está em Deus. Só na presença de Deus há plenitude de alegria e delícias perpetuamente.

PARTE I — AS MARCAS DA VIDA CRISTÃ

2. Salomão buscou a felicidade na riqueza (Ec 2.4-8a). Acumulou bens e granjeou fortunas colossais. Vestia-se regiamente. Estava cercado de ouro e pedras preciosas. Mas o brilho da riqueza não passa de bolha de sabão, tem muito colorido, mas nenhuma consistência. Salomão, mesmo sendo rico, o mais rico de sua geração, não encontrou na riqueza a verdadeira felicidade. A riqueza material é ainda hoje a alavanca que move as pessoas e o vetor que governa muitos corações. Quantos relacionamentos são sacrificados! Quantas injustiças são feitas! Quantos crimes são praticados por causa do amor ao dinheiro!

3. Salomão buscou a felicidade nas aventuras sexuais (Ec 2.8b). Proveu para si mulheres. Teve setecentas princesas e trezentas concubinas. Mas as aventuras românticas e as paixões carnais não preencheram o vazio do seu coração. Vivemos numa sociedade erotizada. O sexo é vendido como um produto vital para a felicidade humana. A indústria pornográfica move bilhões de dólares todos os anos. Quanto mais, porém, as pessoas se entregam às aventuras sexuais, mais infelizes e vazias elas se tornam. O sexo é bom, puro e deleitoso, mas só é legitimamente usufruído no âmbito sacrossanto do matrimônio. Dentre suas mil mulheres, Salomão não encontrou nenhuma sequer, porque a felicidade não está na multiplicidade de parceiros sexuais, mas na fidelidade do casamento monogâmico.

4. Salomão buscou a felicidade na fama (Ec 2.9,10). Tornou-se grande, sobrepujou todos os seus antecessores. Abasteceu seu coração com tudo o que desejaram seus olhos, porém, no final reconheceu que todas essas coisas não passaram de vaidade (Ec 2.11). Multidões e multidões, ainda hoje, trafegam na passarela da fama sob as luzes da ribalta. Chegam ao topo de suas realizações e conquistas. Tornam-se famosos, são conhecidos e reconhecidos no mundo, mas todo esse *glamour* não preenche o vazio do coração, não satisfaz os reclamos da alma, não produz

verdadeira felicidade. Salomão transcendeu a todos os de sua geração em esplendor. O mundo inteiro olhava para ele com admiração. Todos apostavam que ele era o homem mais feliz do mundo. Porém, embora cercado de riqueza, fama e glórias humanas, nutria em seu coração uma tristeza crônica, pois a alegria que o mundo dá é rasa, passageira e insuficiente.

No final de sua vida, Salomão chegou à conclusão de que só o temor de Deus dá sentido à vida (Ec 12.13). Agostinho de Hipona disse que Deus nos criou para ele e somente na presença dele encontraremos sentido para nossa vida. Você é uma pessoa feliz? Onde você está buscando a felicidade? Pare de correr de um lado para o outro. A verdadeira felicidade está em Deus, e nele somente!

Pedro, nosso fiel retrato

... Disse Jesus a Simão: Não temas; doravante
serás pescador de homens (Lc 5.10).

PEDRO É O PERSONAGEM MAIS CONTRADITÓRIO DA HISTÓRIA. Oscilava como uma gangorra desde os picos mais altos da coragem até às profundezas da covardia mais vil. Com a mesma velocidade com que avançava rumo à devoção mais fiel, dava marcha à ré e tropeçava em suas próprias palavras. Pedro é mais do que um homem paradoxal; é um emblema. Pedro é o nosso fiel retrato. É a síntese da nossa biografia. O sangue de Pedro corre em nossas veias e o coração de Pedro pulsa em nosso peito. Temos o DNA de Pedro. Oscilamos também entre a devoção e a apostasia. Subimos aos píncaros e caímos nas profundezas. Falamos coisas lindas para Deus e depois tropeçamos em nossa língua e blasfemamos contra ele. Prometemos inabalável fidelidade e depois revelamos vergonhosa covardia. Demonstramos uma fé robusta num momento e em seguida naufragamos nas águas revoltas da incredulidade. É isto que somos, Pedro!

Quem era Pedro? Pedro era filho de Jonas e irmão de André. Nasceu em Betsaida, bucólica cidade às margens do mar da Galileia. Pedro era um pescador rude e iletrado, mas detentor de uma personalidade forte. Seu dom de liderança era notório. Pedro era casado. Fixou residência em Cafarnaum, quartel-general de

Jesus em seu ministério. Nessa cidade, tinha uma empresa de pesca em sociedade com Tiago e João, os filhos de Zebedeu.

Pedro foi levado a Cristo por seu irmão André. Desde que foi chamado por Cristo para ser um pescador de homens, ocupou naturalmente a liderança do grupo apostólico. Seu nome figura em primeiro lugar em todas as listas neotestamentárias que apresentam os nomes dos apóstolos. Foi o líder incontestе dos discípulos antes da morte de Cristo e o destacado líder depois da ressurreição de Cristo. Foi o homem que abriu as portas do evangelho tanto para os judeus como para os gentios.

Seu ministério foi direcionado especialmente aos judeus, os da circuncisão. Foi o grande pregador da igreja primitiva em Jerusalém, aquele que levou a Cristo cerca de três mil pessoas em seu primeiro sermão depois do Pentecoste. Também foi dotado pelo Espírito Santo para operar grandes milagres. Até mesmo sua sombra era instrumento poderoso nas mãos de Deus para curar os enfermos.

Pedro foi como uma pedra bruta burilada pelo Espírito Santo. De um homem violento, tornou-se manso. De um homem afoito e precipitado, tornou-se ponderado. De um homem explosivo, tornou-se um homem controlado e paciente. De um homem covarde, tornou-se um gigante, que enfrentou prisões, açoites e a própria morte com indômita coragem.

Pedro foi um homem de oração. Tinha intimidade com Deus. Porque prevalecia secretamente diante de Deus em oração, levantava-se com poder diante dos homens para pregar. Pedro foi um pescador de homens e um presbítero entre outros presbíteros. Jesus colocou em sua mão o cajado de pastor e ordenou-lhe apascentar seus cordeiros e pastorear suas ovelhas. Pedro foi um homem que encorajou a igreja a enfrentar o sofrimento da perseguição e também denunciou com inabalável coragem os falsos mestres que perturbavam a igreja. Esse foi o teor respectivo de suas duas epístolas. Pedro foi um missionário que, juntamente com sua esposa, anunciou o evangelho em muitos redutos do Império Romano. Pedro exaltou a Cristo em sua vida e glorificou a Deus através de sua morte. Que você e eu sigamos as pegadas desse homem de Deus e que, em nossa geração, Cristo seja conhecido em nós e através de nós!

Você usa alguma máscara?

> *Porém o Senhor disse a Samuel: Não atentes para a*
> *sua aparência, nem para a sua altura, porque o rejeitei;*
> *porque o Senhor não vê como vê o homem. O homem*
> *vê o exterior, porém o Senhor, o coração* (1Sm 16.7).

As MÁSCARAS NÃO SÃO UMA EXCLUSIVIDADE DO CARNAVAL. ELAS ESTÃO PRESENTES EM NOSSA INDUMENTÁRIA COTIDIANA. Há todos os tipos, formas e tamanhos de máscaras. Existem máscaras com qualidade especial: transparência apenas de um lado – o mascarado pode ver a todos, mas estes não podem vê-lo. Há máscaras que oferecem ao usuário a aparência de quem viu o Senhor. Há máscaras de "fim de série de conferências", com um toque de aparência de "monte", que parece nunca falhar. Na verdade, todos nós usamos máscaras. Elas fazem parte da nossa roupagem. Por que usamos máscaras? Porque nós temos medo de que as pessoas nos conheçam do jeito que somos. Quem afirma que nunca usou uma máscara acaba de colocar uma pesada máscara de mentira no rosto.

Muitas vezes, as pessoas amam não quem nós somos, mas quem aparentamos ser. Amam nossa máscara, não nossa personalidade. Mui frequentemente colocamos uma máscara e usamos a fachada de uma pessoa amável, e então, as pessoas amam aquela pessoa que nós projetamos, mas, lá dentro, atrás da máscara, não somos verdadeiramente aquela pessoa. Fazemos da vida um teatro,

PARTE I — AS MARCAS DA VIDA CRISTÃ

e no palco dos relacionamentos colocamos nossas máscaras preferidas para representar o papel de que as pessoas mais gostam. Na verdade, muitas vezes, chegamos a ficar impressionados com a beleza de algumas máscaras que usamos.

Quando o profeta Samuel foi à casa de Jessé para ungir um rei sobre Israel, logo viu Eliabe, o filho primogênito, e ficou impressionado pelo seu porte, altura, beleza e boa aparência. Samuel disse consigo: *Certamente, está perante o Senhor o seu ungido* (1Sm 16.6). Mas Deus o repreendeu, dizendo: *Não atentes para a sua aparência, nem para a sua altura, porque o rejeitei; porque o Senhor não vê como vê o homem. O homem vê o exterior, porém o Senhor, o coração* (1Sm 16.7). A máscara que Eliabe usava era muito bonita, dava-lhe uma boa aparência, mas por dentro ele era um homem covarde, mesquinho e medroso. Mais tarde, quando os soldados de Israel estavam enfrentando o exército filisteu, Eliabe fazia coro com os medrosos, fugindo das ameaças do gigante Golias. Se isso não bastasse, Eliabe revelou sua inveja de Davi, tecendo-lhe duras críticas quando este se dispôs a lutar contra o gigante insolente (1Sm 17.28-30).

Usar máscaras pode nos livrar de censuras, mas não é uma atitude segura. Não podemos afivelar máscaras em nosso rosto o tempo todo. Nem sempre as máscaras ficam bem ajustadas. Elas podem cair nas horas mais impróprias. Quando a máscara de Eliabe caiu, todos conheceram que ele era mesquinho, invejoso e covarde.

Um advogado acabara de concluir o seu curso de Direito. Recém-formado, com muitos sonhos e planos, queria logo construir um futuro glorioso. Abriu o seu escritório. Equipou-o com rico e moderno mobiliário. Trajava-se impecavelmente com ternos bem cortados e elegantes. Seu sapato de cromo alemão estava sempre rigorosamente engraxado. Suas gravatas eram de seda, combinando com a tonalidade do terno. A cada manhã, levantava e fazia seu percurso até o escritório, carregando uma bela pasta cheia de papéis. Aquele advogado tinha uma aparência impecável. Seu escritório era moderno e bem decorado. Ele só tinha um problema: ainda não tinha nenhum cliente. Certo dia, a campainha do escritório tocou e entrou um cidadão. O advogado pensou: está aqui o meu primeiro cliente. Para impressioná-lo, foi logo pegando o telefone e entabulando uma animada conversa, dando a impressão de que estava fechando um grande negócio com um cliente famoso, envolvendo muito dinheiro. Após a longa e animada conversa, o advogado colocou o telefone no gancho e voltou-se para o cidadão que estava postado à sua frente, dizendo-lhe: "Desculpe-me a demora, estava tratando de um importante negócio, estou à sua disposição". O homem, olhando-o profundamente, disse: "Sou funcionário da companhia telefônica e estou aqui para ligar o seu telefone, porque ele ainda está desligado". As máscaras podem cair nas horas mais inoportunas! A Bíblia diz: ... *o vosso pecado vos há de achar* (Nm 32.23), e ainda: *Os loucos zombam do pecado* (Pv 14.9). E mais: *Quanto ao perverso, [...] com as cordas do seu pecado será detido* (Pv 5.22). Em outros termos: as máscaras cairão.

Ansiedade não, paz!

Não andeis ansiosos de coisa alguma; em tudo, porém,
sejam conhecidas, diante de Deus, as vossas petições,
pela oração e pela súplica, com ações de graças. E a paz
de Deus, que excede todo o entendimento, guardará o
vosso coração e a vossa mente em Cristo Jesus (Fp 4.6,7).

O APÓSTOLO PAULO ESTAVA PRESO E ALGEMADO NA CIDADE DE ROMA, MAS ERA O HOMEM MAIS LIVRE DAQUELA CIDADE. Estava livre do tormento da culpa e do medo da morte. Longe de capitular à tristeza, desabotoou sua alma, deixando fluir de seu coração torrentes de alegria. Longe de viver estrangulado pela ansiedade, conclamou os cristãos a vencê-la por meio da oração, petição e ações de graças. Em vez de viver perturbado com a carranca das circunstâncias adversas, apropriou-se da paz de Deus que excede todo o entendimento. As palavras do apóstolo são oportunas: *Não andeis ansiosos de coisa alguma; em tudo, porém, sejam conhecidas, diante de Deus, as vossas petições, pela oração e pela súplica, com ações de graças. E a paz de Deus, que excede todo o entendimento, guardará o vosso coração e a vossa mente em Cristo Jesus* (Fp 4.6,7).

A ansiedade é um parasita que suga a seiva da nossa alma e nos deixa vazios de esperança. A ansiedade estrangula nossas emoções e atormenta a nossa mente com muitas inquietações. Onde a ansiedade reina, a paz não desfila com liberdade. O apóstolo Paulo, mesmo sob algemas, ordena à igreja de Filipos alegrar-se constantemente no Senhor. Exorta a igreja a não se entregar à ansiedade, mas vencê-la por meio da oração. Quando nos quedamos diante do grande Deus, nossos problemas se apequenam. Quando conhecemos a grandeza de Deus, nossa alma se aquieta. Quando recorremos ao trono da graça, as tempestades da nossa alma se acalmam. No lugar do vendaval da ansiedade, a paz de Deus vem governar nosso coração e nossa mente. Isso porque a ansiedade é um sentimento errado e um pensamento errado. Triunfamos sobre a ansiedade pela oração e o resultado é o governo da paz no lugar da tirania da ansiedade.

A paz de Deus não é paz de cemitério. Não é calmaria nem ausência de lutas. É uma paz que a mente humana não consegue explicar. Essa paz coloca uma escolta divina ao redor da nossa cabeça e coração; guarda a nossa razão e também os nossos sentimentos. Quando a ansiedade tenta novamente controlar nossa vida, não consegue mais, pois a paz de Deus, como uma muralha celestial, protege nossos pensamentos e sentimentos.

A ansiedade tem sido um flagelador impiedoso em nossos dias. Estrangula as emoções de ricos e pobres, doutores e analfabetos, jovens e velhos, crentes e descrentes. Muitos não vivem o presente com medo do futuro. Outros não alçam voos rumo ao futuro, porque ainda estão presos pelas grossas correntes do passado. A ansiedade só perde seu poder em nossa vida quando encontramos alívio para nossa consciência no perdão divino com respeito ao passado, quando desfrutamos da paz de Deus em nossa alma com respeito ao presente e quando mantemos nossa viva esperança em Cristo com respeito ao futuro.

Check-up divino

O crisol prova a prata, e o forno, o ouro; mas
aos corações prova o Senhor (Pv 17.3).

É TEMPO DE AVALIAÇÃO. OLHAMOS PARA O PASSADO COM PROFUNDA GRATIDÃO, PARA O PRESENTE COM SÚPLICAS AOS CÉUS e para o futuro com renovada esperança. Precisamos fazer um *check-up* da nossa alma para diagnosticarmos os males que nos enfraquecem. Precisamos cuidar preventivamente da saúde da nossa alma, adotando uma rica dieta da palavra de Deus e exercitando regularmente a nossa fé, através de uma obediência alegre e sem tardança. Precisamos ser fortalecidos com poder, mediante o Espírito, a fim de vivermos os dias que nos restam neste mundo para a glória de Deus. Que este seja um tempo ainda mais venturoso para semearmos com fartura a fim de fazermos uma colheita ainda mais abundante.

Entretanto, nosso *check-up* pode ser deficiente. Mas o *check-up* divino é preciso e confiável. Diz a Escritura: *O crisol prova a prata, e o forno, o ouro; mas aos corações prova o Senhor* (Pv 17.3). O coração do homem é um país distante, povoado por muitos, compreendido por poucos. Alcançamos as alturas excelsas das conquistas mais esplêndidas. Dominamos o espaço sideral. Chegamos à lua e fazemos pesquisas interplanetárias. Mergulhamos nos segredos da ciência e agilizamos de forma exponencial o processo da comunicação. Viramos o universo pelo avesso diagnosticando suas entranhas, mas não conseguimos entender profundamente o nosso próprio coração. Não conhecemos plenamente a nós mesmos. Não sondamos suficientemente a nós mesmos. Não administramos completamente as cogitações que brotam do nosso próprio interior. Nosso coração, não raro, nos engana. Jesus disse que é do coração que procedem os maus desígnios, como a prostituição, os furtos, os homicídios, os adultérios, a avareza, as malícias, o dolo, a lascívia, a inveja, a blasfêmia, a soberba e a loucura. Só Deus pode nos examinar e nos conhecer exaustivamente. Assim como o crisol prova a prata e o forno o ouro, assim, só Deus pode provar quem realmente somos. Depois de falar da onisciência, onipresença e onipotência de Deus, o salmista orou e disse: *Sonda-me, ó Deus, e conhece o meu coração, prova-me e conhece os meus pensamentos; vê se há em mim algum caminho mau e guia-me pelo caminho eterno* (Sl 139.23,24).

Que Deus nos conceda graça para deixarmos para trás atitudes indignas. Que Deus nos ajude a sermos homens e mulheres cheios do Espírito Santo. Que nossas palavras sejam fontes de vida para os aflitos. Que nossas ações sejam cheias da bondade de Deus. Que nossas orações subam aos céus como aroma suave diante do Pai. Que nossos pés sejam céleres para anunciarmos ao mundo o evangelho de Cristo!

Como barro nas mãos do oleiro

Como o vaso que o oleiro fazia de barro se lhe
estragou na mão, tornou a fazer dele outro
vaso, segundo bem lhe pareceu (Jr 18.4).

JEREMIAS 18.1-6 É UM DOS TEXTOS MAIS SUGESTIVOS DA BÍBLIA. O PROFETA É CHAMADO NÃO PARA PREGAR UM SERMÃO, MAS para fazer o sermão. Ele desce à casa do oleiro para ver como este molda o barro informe e faz dele um vaso belo, útil e precioso. Esse importante relato nos ensina grandiosas lições espirituais.

1. O OLEIRO DÁ FORMA AO VASO. O oleiro apanha o barro informe e amorfo e dá a ele uma forma única e singular. Nós somos como o barro. Se abandonados à nossa própria sorte, somos como barro sem vida e sem forma. Deus é o oleiro que toma esse barro, trabalha nele e o molda segundo o seu querer. O barro é totalmente passivo nas mãos do oleiro. Ele recebe a forma que o oleiro quer. O oleiro é soberano em fazer do barro o que lhe apraz. Foi Deus quem nos criou e nos deu forma. Ele é quem nos molda segundo o seu querer e para os propósitos soberanos da sua vontade. O barro não pode rebelar-se contra o oleiro nem fazer sua própria vontade. Cabe-lhe sujeitar-se humildemente ao propósito do oleiro.

2. O OLEIRO DÁ BELEZA AO VASO. O oleiro não apenas dá forma ao vaso, mas também beleza. A peça de barro é modelada, desenhada, pintada, levada ao forno e vitrificada. É um dos itens

mais funcionais que existem e, também, um dos mais belos. Nós somos feitura de Deus. Somos o seu poema mais belo, a menina dos seus olhos, a sua herança e a sua delícia. Deus não apenas nos criou, mas também está nos modelando e nos transformando na imagem de Cristo. Deus está trabalhando em nós e nos refinando até que a beleza de Cristo seja vista em nós. Somos o santuário da habitação de Deus. A glória de Deus está neste santuário. As digitais de Deus e a beleza divina estão estampadas neste vaso. A glória do vaso não está em seu material. Ele é de barro, mas o que há dentro deste vaso é que lhe dá beleza e valor. O apóstolo Paulo escreve: *Temos, porém, este tesouro em vasos de barro, para que a excelência do poder seja de Deus e não de nós* (2Co 4.7).

3. O OLEIRO DÁ UTILIDADE AO VASO. Normalmente, fazemos distinção entre o que é útil e o que é belo; entre o necessário e o elegante. Um vaso é sempre útil. Ele é moldado para ser usado com um propósito. Nós somos salvos para sermos vasos de honra. Um vaso, para ser útil, precisa estar limpo e sem rachaduras. Um vaso é usado para ornamentar e para transportar algum conteúdo. Como vasos de honra, refletimos a glória do nosso Deus e transportamos um senso real da sua presença. Assim como cada vaso é uma obra de arte singular, somos também obras-primas do criador. Não há ser humano que não seja útil e que não tenha o seu papel dentro do propósito divino. Não há ser humano que não seja único, dotado de linhas, cores e formas totalmente distintas de qualquer outro. Deus não faz vasos em série. Cada vaso é singular.

4. O OLEIRO FAZ DE NOVO O VASO ESTRAGADO. O oleiro não jogou fora o vaso que se lhe estragou na mão. Fez dele um outro vaso, um vaso novo conforme sua vontade. Deus amassa e pressiona, estica e comprime. O trabalho de criação é reiniciado, hábil e pacientemente. Deus não joga fora o vaso que foi danificado. *Não poderei eu fazer de vós como fez este oleiro, ó casa de Israel?* (Jr 18.6). Deus não desiste de nós. Ele nos dá uma segunda chance e nos

oferece a oportunidade de recomeçar a caminhada. Esse processo não é indolor, mas seu resultado é glorioso. Deus quebra o vaso e faz dele um vaso novo. Deus amolece o barro, amassa-o, molda-o e depois o leva ao fogo. Então, depois desse processo, renasce um vaso belo, útil e precioso, um vaso de honra!

Daniel, um homem público incorruptível

Então, o mesmo Daniel se distinguiu destes
presidentes e sátrapas, porque nele havia
um espírito excelente... (Dn 6.3).

DEUS TEM USADO HOMENS INCORRUPTÍVEIS NO MEIO DE UMA GERAÇÃO DECADENTE PARA FIRMAR OS VALORES ABSOLUTOS do seu reino. Um exemplo clássico é Daniel, um homem que viveu há 2.600 anos, mas cujo testemunho reverbera ainda hoje. Quem foi Daniel?

1. UM HOMEM CAPAZ DE VENCER OS TRAUMAS DO PASSADO SEM AZEDAR O CORAÇÃO (Dn 1.1-6). Daniel foi arrancado da sua pátria e da sua família ainda adolescente e levado cativo para a Babilônia. Ele perdeu sua nacionalidade, sua liberdade, seu nome e sua identidade, mas resolveu ser um influenciador em vez de sucumbir às circunstâncias adversas. O que na verdade mais importa não é o que as pessoas nos fazem, mas o que fazemos com o que elas nos fazem.

2. UM HOMEM GOVERNADO POR UM ESPÍRITO EXCELENTE (Dn 6.4). Daniel não era apenas um homem culto, mas também um homem sábio. Ele olhava para a vida da perspectiva de Deus e buscava em tudo a direção divina. Ele viveu com discernimento

em seu tempo e trouxe soluções divinas para os mais intrincados problemas do seu povo. Ele viveu acima do seu tempo.

3. UM HOMEM ÍNTEGRO CERCADO POR UM FORTE ESQUEMA DE CORRUPÇÃO (Dn 6.5). Daniel estava cercado por uma horda de homens inescrupulosos que, encastelados no poder, buscavam seus próprios interesses, e não os do povo. Os políticos haviam se corrompido de forma alarmante e viviam como ratazanas e sanguessugas, que se alimentavam do sangue da nação. A honestidade de Daniel incomodou os políticos corruptos e eles vasculharam sua vida privada e pública, para só descobrir que ele era um homem impoluto e sem jaça.

4. UM HOMEM PIEDOSO CERCADO POR UMA GERAÇÃO PERVERSA (Dn 6.10). Daniel era um político culto, ético e crente. Ele era um homem de oração. Sua religiosidade não era apenas de conveniência. Sua conduta privada e pública testificava sua integridade religiosa. Daniel manteve sua vida de oração, mesmo sabendo que os inimigos haviam tramado contra ele para o matar. Homens honestos e piedosos incomodam o sistema. Mas os políticos comprometidos com Deus e com as causas do povo não se intimidam com as ameaças de seus inimigos. Para eles, o ideal é maior do que a própria vida, e por isso estão prontos a dar a vida pelo ideal.

5. UM HOMEM DURAMENTE PERSEGUIDO POR CAUSA DE SUA HONESTIDADE (Dn 6.4,7). Num contexto de esquemas de corrupção, o homem público honesto será sempre perseguido. Com Daniel não foi diferente. Já que nada descobriram em sua vida para incriminá-lo, tentaram afastá-lo do caminho. O que é triste é perceber com isto a inversão dos valores: um homem ser perseguido por ser honesto, verdadeiro, defensor do erário público e por lutar pelas causas justas.

6. UM HOMEM PROTEGIDO DO ARDILOSO ESQUEMA DOS HOMENS MAUS (Dn 6.22). Daniel cuidou de sua piedade e Deus cuidou da sua reputação. Deus não apenas defendeu Daniel, mas

também o honrou. Ele foi jogado na cova dos leões, mas Deus o tirou da cova da morte e o alçou ao ponto culminante da honra. Os inimigos que urdiram e tramaram contra Daniel foram destruídos. A história deles foi manchada pela vergonha e pelo opróbrio, enquanto o testemunho de Daniel percorre o mundo.

7. UM HOMEM ABENÇOADOR E NÃO VINGATIVO (Dn 6.20,21). Daniel não era um político que destilava o veneno do ódio contra seus inimigos. Ele não se vingou de seus inimigos nem pediu vingança para eles. Da sua boca saíam apenas palavras abençoadoras.

8. UM HOMEM CUJA INFLUÊNCIA FOI CONHECIDA EM TODA A TERRA (Dn 6.25,27). Daniel honrou a Deus e foi honrado por ele. Deus foi exaltado entre as nações pelo testemunho de Daniel. Deus é exaltado entre as nações quando os seus filhos permanecem fiéis no campo minado da sedução ou da perseguição. A Babilônia, com sua magnificente grandeza, caiu, mas Daniel permaneceu de pé. Daniel foi maior do que o próprio Império Babilônico. Que Deus nos dê homens públicos desse jaez!

A vereda dos justos e o caminho dos perversos

Mas a vereda dos justos é como a luz da aurora,
que vai brilhando mais e mais até ser dia perfeito.
O caminho dos perversos é como a escuridão; nem
sabem eles em que tropeçam (Pv 4.18,19).

SALOMÃO CONTRASTA, NO TEXTO EM APREÇO, A VEREDA DOS JUS-
TOS E O CAMINHO DOS PERVERSOS. HÁ UMA GRITANTE DIFE-
rença entre eles. Essa diferença é tão radical que o escritor não
consegue encontrar outra figura para descrevê-la senão a luz e as
trevas. Destacaremos, aqui, esses dois tipos de pessoas e essas
duas posturas distintas.

1. A VEREDA DOS JUSTOS, UM CAMINHO CHEIO DE LUZ (Pv 4.18).
Salomão contrasta o caminho dos maus com a vereda dos justos.
Naquele reinam a violência e a negridão subterrânea dos maus
intentos; nesta habita a luz que esparrama sua claridade, como
os raios do sol que surgem nas encostas dos montes. A vereda dos
justos não é apenas um caminho iluminado, mas um caminho cuja
luz vai crescendo como a luz do sol até ser dia perfeito. A vida do
justo vai sendo aperfeiçoada de glória em glória. O brilho da face
de Cristo resplandece nele. O fulgor da glória de Deus irradia nele.
O justo é filho da luz e luz do mundo. Ele anda na luz, suas obras

são feitas na luz e todo o seu corpo é iluminado. O justo não dá marcha à ré em seu testemunho. Não vive ziguezagueando, perdendo sua força em avanços e recuos. O justo caminha para a frente, faz uma escalada para as alturas. Sua vida não estaciona na região nebulosa do comodismo. O justo cresce no conhecimento e na graça. Avança para o alvo. Busca as coisas lá do alto, onde Cristo vive. Contempla o galardão. Aspira às coisas mais excelentes. Sua história começa na conversão, avança no processo da santificação, mas seu alvo é a glorificação, o dia perfeito. Todas as nuvens que se interpõem no caminho da luz serão dissipadas. Então, os justos entrarão na cidade onde não haverá noite, pois o Cordeiro será a sua lâmpada!

2. O CAMINHO DOS PERVERSOS, UMA JORNADA CHEIA DE ESCURIDÃO (Pv 4.19). Se a vereda dos justos é um caminho cheio de luz, o caminho dos perversos é uma estrada mergulhada em densas trevas. A escuridão é ausência completa de luz. É lugar de cegueira. É território lôbrego de confusão. É cenário de medo e pavor. É estrada povoada por aqueles que não sabem aonde vão nem em que tropeçam. Se a luz é o símbolo do conhecimento, a escuridão é o emblema da ignorância. Se a luz é o símbolo da pureza, a escuridão é a evidência de sujeira. Se a luz é o símbolo da santidade, a escuridão é o sinal de iniquidade. Se a luz é o símbolo do amor, a escuridão é a prova de ódio. O caminho dos perversos é como a escuridão, uma senda onde as coisas mais vergonhosas se praticam sem qualquer pudor. O caminho dos perversos é um trilho sinuoso que leva à morte. Os perversos caminham de solavanco em solavanco. Caem aqui, tropeçam acolá e nem sabem em que tropeçam. Longe de fazerem uma caminhada ascendente rumo à glória, fazem uma descida vertiginosa rumo ao abismo. Oh, caminho perigoso! Oh, caminhada inglória! Oh, triste destino! Só aqueles que amam a destruição continuam por esse caminho. Só aqueles que rejeitam a oferta da graça preferem esse caminho.

PARTE I — AS MARCAS DA VIDA CRISTÃ

Só aqueles que se recusam a crer em Jesus, o novo e vivo caminho, permanecem nessa estrada de densas trevas.

À luz do texto explanado, quem é você? Justo ou perverso? Sua vida é um caminho cheio de luz ou uma ladeira escorregadia cheia de trevas? Você tem sido santificado progressivamente ou tem tropeçado e caído constantemente? Você aguarda a plena perfeição ou avança inconsequentemente rumo à destruição? Para aqueles que ainda caminham nessa estrada de escuridão, há uma saída, uma esperança, uma ordenança divina: *Deixe o perverso o seu caminho, o iníquo, os seus pensamentos; converta-se ao Senhor, que se compadecerá dele, e volte-se para o nosso Deus, porque é rico em perdoar* (Is 55.7). Qual é a sua decisão?

Um homem que viveu de forma plena

Estêvão, cheio de graça e poder, fazia prodígios
e grandes sinais entre o povo (At 6.8).

ESTÊVÃO FOI O PRIMEIRO DIÁCONO DA IGREJA PRIMITIVA E TAMBÉM O PRIMEIRO MÁRTIR DO CRISTIANISMO. FOI UM HOMEM que viveu de forma plena. Era cheio do Espírito Santo, cheio de sabedoria, fé, graça e poder. Estêvão viveu de forma superlativa e morreu de forma exemplar. Sua vida inspira ainda hoje milhões de pessoas. Seu legado atravessa os séculos. Sua voz ainda ecoa em nossos ouvidos e suas obras ainda nos deixam perplexos.

Seu discurso diante do Sinédrio é o sermão com o maior número de citações bíblicas de toda a Escritura. Embora tenha sido eleito para a diaconia das mesas, exerceu também a diaconia da palavra. Conhecia a palavra, vivia a palavra e pregava com poder a palavra. Sua serenidade diante da perseguição era notória. Sua coragem para enfrentar a morte era insuspeita. Enquanto seus inimigos rilhavam os dentes contra ele, seu rosto transfigurava como o rosto de um anjo. Mesmo sendo apedrejado por seus algozes, orou por eles, à semelhança de Jesus. Em vez de evocar sobre eles a maldição, pediu ao Senhor para não colocar na conta deles seus próprios pecados. Perdão, e não vingança, era o lema de sua vida. Três marcas indeléveis distinguem esse protomártir do cristianismo.

1. SUA VIDA ERA IRREPREENSÍVEL (At 6.3). *Mas, irmãos, escolhei dentre vós sete homens de boa reputação, cheios do Espírito e de sabedoria, aos quais encarregaremos deste serviço.* Estêvão era homem de boa reputação. Seu caráter era irrepreensível, e sua conduta, ilibada. Era homem impoluto e sem jaça. Sua vida referendava seu ministério. Sua conduta era a base do seu trabalho. Seu exemplo, o fundamento de sua liderança espiritual. Estêvão viveu o que pregou. Não havia nenhum abismo entre suas palavras e suas obras. Era íntegro e pleno.

2. SUAS PALAVRAS ERAM IRRESISTÍVEIS (At 6.10). *E não podiam resistir à sabedoria e ao Espírito, pelo qual ele falava.* Por ser um homem cheio do Espírito, de sabedoria, de fé, de graça e de poder, Estêvão era boca de Deus. Cada palavra que saía de sua boca tinha o peso de uma tonelada. Seus inimigos podiam até discordar dele, mas jamais refutá-lo. Estêvão tinha conhecimento e também sabedoria. Tinha luz na mente e fogo no coração. Suas palavras eram ao mesmo tempo ternas e doces e também fortes e cortantes. Ao mesmo tempo que trazia cura para os quebrantados, feria os de coração endurecido; ao mesmo tempo que confortava os aflitos, perturbava os insolentes.

3. SUAS OBRAS ERAM IRREFUTÁVEIS (At 6.8). *Estêvão, cheio de graça e poder, fazia prodígios e grandes sinais entre o povo.* Estêvão pregava aos ouvidos e também aos olhos. Falava e fazia, ensinava e demonstrava. Suas obras irrefutáveis testificavam suas palavras irresistíveis. Por ser um homem que vivia cheio do Espírito, de fé, de sabedoria, de graça e de poder, Deus operava por meio dele grandes milagres. Os milagres não são o evangelho, mas abrem portas para testemunhá-lo. Muitos estudiosos da Bíblia afirmam que a vida irrepreensível de Estêvão e o seu poderoso testemunho na hora da morte impactaram decisivamente o coração de Saulo

de Tarso, que mais tarde, convertido a Cristo, transformou-se no maior bandeirante da fé. Que Deus nos dê homens do mesmo calibre de Estêvão, homens que ousem viver de forma plena num mundo vazio.

As dimensões da paz

Tu, Senhor, conservarás em perfeita paz aquele cujo
propósito é firme; porque ele confia em ti (Is 26.3).

O HOMEM É UM SER EM CONFLITO: EM CONFLITO COM DEUS, COM O PRÓXIMO E CONSIGO MESMO. O HOMEM É UMA guerra civil ambulante. O pecado arruinou seu corpo, sua mente e sua alma. O mundo é um barril de pólvora porque o homem não está em paz. Ele precisa de paz. Mas, que paz?

1. PAZ COM DEUS. *Justificados, pois, mediante a fé, temos paz com Deus por meio de nosso Senhor Jesus Cristo* (Rm 5.1). O pecado é o maior mal, pois nos priva do maior bem. O pecado faz separação entre o homem e Deus. O pecado separa o homem de Deus agora e para sempre. O homem não pode limpar-se de seus pecados. Nenhuma religião tem poder para perdoar pecados. Portanto, o Deus ofendido procurou o homem ofensor. O próprio Deus tomou a iniciativa de nos reconciliar consigo mesmo por meio de Cristo. O Filho de Deus veio ao mundo como nosso substituto. Deus lançou sobre ele a iniquidade de todos nós. Ele carregou sobre o seu corpo, no madeiro, os nossos pecados. Ele pagou a nossa dívida e morreu a nossa morte. Agora, os que estão em Cristo estão quites com as exigências da lei e com as demandas da justiça. Fomos justiçados. Estamos reconciliados. Não pesa mais

sobre nós, que cremos em Cristo, nenhuma condenação. Temos paz com Deus!

2. PAZ COM O PRÓXIMO. *Se possível, quanto depender de vós, tende paz com todos os homens* (Rm 12.18). Ao desfrutarmos da paz com Deus, precisamos ser agentes da paz com o próximo. Aqueles que foram reconciliados com Deus precisam se reconciliar com os seus irmãos. Em vez de cavar abismos de mágoa, devemos construir pontes de reconciliação. Em vez de criar divisões, devemos ser aliviadores de tensões. Em vez de jogar uma pessoa contra a outra, devemos ser pacificadores. Em vez de ser o estopim dos conflitos, devemos trabalhar pela preservação da unidade e pela promoção da paz. Em vez de guardar ressentimento, devemos exercitar o perdão. Em vez iniciar conflitos, devemos ter paz com todos os homens.

3. PAZ CONOSCO MESMOS. *E a paz de Deus, que excede todo o entendimento, guardará o vosso coração e a vossa mente em Cristo Jesus* (Fp 4.7). Aqueles que têm paz com Deus desfrutam da paz de Deus. Paz com Deus não é um sentimento, mas um relacionamento certo com Deus. Aqueles que foram reconciliados com Deus experimentam a paz de Deus. Essa paz interior, entretanto, não é apenas uma emoção, mas, sobretudo, uma pessoa. Nossa paz é Jesus. Aqueles que conhecem a Jesus podem cantar nas noites mais escuras da alma. Aqueles que são salvos por Jesus e vivem em paz com os irmãos experimentam uma paz que excede todo o entendimento. Essa paz não é simplesmente presença de coisas boas nem apenas ausência de coisas ruins. Essa paz é o governo de Cristo em nosso coração. Essa paz coexiste com a dor. Está presente nas tempestades da vida. Sustenta-nos nos vales mais escuros. Consola-nos na hora do choro mais amargo.

Você já tem paz com Deus? Seus pecados já foram perdoados? Você tem a alegria de ter seu nome escrito no livro da vida? Você está em paz com todos os homens? Há ainda alguma mágoa em seu coração? Hoje é o tempo oportuno para você fazer uma assepsia em sua alma e lancetar os abcessos do seu coração. Agora é a hora de perdoar e pedir perdão e ter paz com o seu próximo. Você está desfrutando da paz de Deus? Tem recebido o consolo do Altíssimo? Tem experimentado o conforto do Espírito no meio das lutas? É tempo de você tomar posse de todas as dimensões da paz: paz com Deus, paz com o próximo e paz consigo mesmo!

PARTE 2

A prática da vida cristã

Razões imperativas para fazermos a obra de Deus

Na noite seguinte, o Senhor, pondo-se ao lado dele, disse: Coragem! Pois do modo por que deste testemunho a meu respeito em Jerusalém, assim importa que também o faças em Roma (At 23.11).

O APÓSTOLO PAULO ESTAVA PRESO EM JERUSALÉM. OS JUDEUS CONSPIRAVAM PARA MATÁ-LO. PARECIA UM BECO SEM SAÍDA. Depois que Paulo apresentou sua defesa à multidão enfurecida e ao Sinédrio tendencioso, as coisas pareciam ainda mais perigosas para ele. Quando as circunstâncias, porém, pareciam conspirar contra esse ousado apóstolo, Deus abriu-lhe uma clareira no céu.

Lucas relata esse fato assim: *Na noite seguinte, o Senhor, pondo-se ao lado dele, disse: Coragem! Pois do modo por que deste testemunho a meu respeito em Jerusalém, assim importa que também o faças em Roma* (At 23.11). Vemos, no texto em apreço, três razões imperativas para testemunharmos de Cristo.

1. A PRESENÇA DE DEUS. Antes de nos enviar aos campos, Deus se coloca ao nosso lado. Não fazemos sozinhos a obra de Deus; nem fiados em nossas forças. O Deus da obra fortalece os obreiros. Aquele que comissiona também acompanha os comissionados. Jesus Cristo, ao enviar seus discípulos ao mundo, disse-lhes

que toda a autoridade lhe fora dada no céu e na terra, e agora garante estar ao lado deles todos os dias até à consumação do século.

A presença de Deus conosco oferece-nos proteção, direção e motivação. Em muitos momentos da vida, faltou a Paulo a presença dos amigos, mas jamais lhe faltou a assistência divina. Antes do seu martírio em Roma, o veterano apóstolo enfrentou solidão, abandono, perseguição, privação e até ingratidão dos homens. Mas o Senhor o assistiu e o revestiu de forças para cumprir plenamente o seu ministério.

2. O ENCORAJAMENTO DE DEUS. Deus apareceu a Paulo numa noite trevosa, num ambiente de desespero, quando a vida do apóstolo estava prestes a ser ceifada pelos interesses inconfessos de uma liderança apóstata e de uma multidão ensandecida. Nesse ambiente de ameaça, Deus diz a Paulo: *Coragem!*

A nossa vida não está nas mãos dos homens perversos, mas daquele que governa os céus e a terra. Nossos sentimentos não precisam naufragar ao enfrentar a fúria da tempestade. Nem nossos olhos, estar cravados na aparente insolubilidade dos problemas que nos apertam. Não devemos ter medo das circunstâncias, mas confiar naquele que está no controle. O mesmo Deus que nos levanta para o seu trabalho caminha conosco nas estradas estreitas e crivadas de espinhos. O mesmo Deus que nos toma pela mão e desce conosco aos vales da sombra da morte também nos enche o peito de esperança e a alma de alento, dizendo-nos: *Coragem!*

3. O COMISSIONAMENTO DE DEUS. O Senhor aparece a Paulo, dizendo: ... *Pois do modo por que deste testemunho a meu respeito em Jerusalém, assim importa que também o faças em Roma.* O Sinédrio judaico pensou que estava com as rédeas da vida de Paulo em suas iníquas mãos. Acreditava que o fim da linha para esse bandeirante do cristianismo havia chegado. Porém, Deus tinha outros planos. A vida de Paulo estava nas mãos do eterno Deus, e horizontes mais

largos estavam para ser conquistados na obra missionária. Deus queria o apóstolo no coração do império, testemunhando com a mesma ousadia na cidade de Roma.

Paulo desejava ir a Roma, e era plano de Deus que ele fosse até lá. Ele chegou preso à capital do império, mas, longe de obstaculizar seu trabalho, essa situação lhe abriu novas portas. Porque ele estava preso, a igreja de Roma tornou-se mais ousada no testemunho do evangelho. Porque ele estava preso, evangelizou a guarda pretoriana, composta de dezesseis mil soldados, a guarda de elite do palácio. Porque ele estava preso, escreveu cartas que abençoaram o mundo, como Efésios, Filipenses, Colossenses e Filemom.

Esse veterano apóstolo jamais se considerou prisioneiro de Roma ou de César. Ele se apresentava como prisioneiro de Cristo e embaixador em cadeias. Sua vida não era governada pela terra, mas pelo céu. Ele não via as circunstâncias apenas como uma conspiração do diabo contra ele ou como uma manipulação da impiedade humana para destruí-lo. Ele olhava para a vida pela perspectiva da soberania de Deus. Aquele que estava no controle de todas as coisas dirigia sua vida e o comissionava a fazer a sua obra, de acordo com o seu soberano e sábio propósito.

Semeadura e colheita

*Não vos enganeis: de Deus não se zomba; pois aquilo
que o homem semear, isso também ceifará* (Gl 6.7).

A VIDA É FEITA DE ESCOLHAS E DECISÕES, INVESTIMENTO E
SEMEADURA. FAZER ESCOLHAS ERRADAS E TOMAR A DIREÇÃO
errada nos distancia do alvo de Deus para a nossa vida. Fazer
uma semeadura errada, no campo errado, também produz uma
colheita errada.

A lei da semeadura e da colheita é universal. Colhemos o que
semeamos e colhemos mais do que plantamos. Destacaremos
alguns princípios para a nossa reflexão:

1. A SEMEADURA EXIGE UM TEMPO DE PREPARAÇÃO. Antes de
semear um campo, o agricultor prepara o terreno. Lançar a preciosa semente sem primeiro arar a terra é trabalhar para o desas-
tre. Na parábola de Jesus, o semeador lançou a semente à beira do
caminho, no chão batido e sem umidade. A semente não penetrou
na terra e, por isso, as aves dos céus vieram e a comeram. Lançou
também a semente no terreno pedregoso, e a semente até nasceu,
mas, por falta de umidade, secou. De igual forma, semeou no meio
dos espinheiros, e a semente, ao nascer, foi sufocada e, mirrada,
não produziu frutos. Apenas a semente que caiu na boa terra fru-
tificou a trinta, a sessenta e a cem por um.

PARTE 2 — A PRÁTICA DA VIDA CRISTÃ

Nós somos os semeadores e também o campo onde a semente é lançada. Precisamos preparar o nosso coração para receber essa divina semente!

2. A SEMEADURA EXIGE ESFORÇO E SACRIFÍCIO. O salmista diz que quem sai andando e chorando enquanto semeia voltará com júbilo, trazendo os seus feixes. Muitas vezes devemos umedecer o solo duro com as nossas lágrimas. Semear não é coisa fácil; exige preparo, esforço e sacrifício. Para semear, precisamos sair do nosso comodismo. Às vezes, nessa semeadura encontramos toda sorte de resistência.

Na parábola do semeador, a semente foi atacada pelos seres espirituais, racionais e irracionais. O diabo, os homens, as aves, os espinhos e as pedras conspiraram contra a semente. O diabo rouba, os homens pisam, as aves arrebatam, os espinhos laceram e as pedras ferem a semente. É por isso que a semeadura, muitas vezes, arranca lágrimas dos nossos olhos. Porém, o semeador não desiste em razão do sacrifício da semeadura; ele sai andando e chorando enquanto semeia, na confiança de que a colheita é certa, abundante e feliz.

3. A SEMEADURA DETERMINA A COLHEITA. Colhemos o que semeamos. A colheita é da mesma natureza da semeadura. Aquilo que o homem semear, isso também ceifará. Quem semeia amizade colhe afeto. Quem semeia amor colhe simpatia. Quem semeia bondade colhe misericórdia. Quem semeia no Espírito, do Espírito colhe vida eterna; mas quem semeia na carne, da carne colhe corrupção.

Não podemos colher figos de espinheiros. A colheita não é apenas da mesma natureza da semeadura, mas também mais numerosa que a semeadura. Quem muito semeia, com abundância ceifará. Quem semeia ventos colhe tempestade.

A semeadura é apenas um vento, mas a colheita é uma tempestade. Nossas palavras e ações são sementes que se multiplicam para o bem ou para o mal. Precisamos ser criteriosos na escolha das sementes. Que tipo de semente devemos semear em nossa vida, em nossa família e em nossa igreja? Que tipo de semeadura teremos em nossos estudos, em nossos relacionamentos e em nosso trabalho? Como será nossa semeadura em nossa vida espiritual? Que Deus nos ajude a semear com alegria e com abundância no campo certo, usando as sementes certas, para colhermos os frutos certos. Nós somos a lavoura de Deus, e ele espera de nós muitos frutos, pois assim ele é glorificado!

Jejum, uma prática a ser resgatada

Porventura, não é este o jejum que escolhi: que soltes as ligaduras da impiedade, desfaças as ataduras da servidão, deixes livres os oprimidos e despedaces todo jugo? (Is 58.6).

O JEJUM É BÍBLICO. ESTÁ PRESENTE TANTO NO ANTIGO COMO NO NOVO TESTAMENTO. OS PROFETAS, OS APÓSTOLOS, o próprio Jesus, bem como muitos servos de Deus do passado, como Agostinho, Lutero, Calvino, John Knox, John Wesley, Dwight Moody e outros através da história, praticaram o jejum. Ainda hoje, o jejum é uma prática devocional importante que não pode ser esquecida pela igreja.

1. O SENTIDO BÍBLICO DO JEJUM (1Co 10.31). John Piper definiu jejum como fome de Deus, e não apenas das bênçãos de Deus. O jejum cristão nasce exatamente da saudade de Deus. O jejum é um teste para conhecermos qual é o desejo que nos controla. Mais do que qualquer outra disciplina, o jejum revela as coisas que nos controlam. Firmado nessa compreensão, Martyn Lloyd-Jones diz que o jejum não pode ser entendido apenas como uma abstinência de alimentos, mas deve também incluir abstinência de

qualquer coisa que seja legítima em si mesma por amor de algum propósito espiritual.

Na verdade, devemos comer e jejuar para a glória de Deus (1Co 10.31). Quando nós comemos, saboreamos o emblema do nosso alimento celestial, o pão da vida. E quando jejuamos, dizemos: "eu amo a realidade acima do emblema". O alimento é bom, mas Deus é melhor (Mt 4.4). Quanto mais profundamente andamos com Cristo, mais famintos nos tornamos dele, mais saudades temos dele, mais desejamos a plenitude de Deus em nossa vida.

Vivemos numa geração cujo deus é o estômago (Fp 3.19). Muitas pessoas se deleitam apenas nas bênçãos de Deus, e não no Deus das bênçãos. Quem jejua tem mais pressa de desfrutar da intimidade com Deus do que de se alimentar. Quem jejua tem mais fome do pão do céu do que do pão da terra. Aquele que jejua tem mais saudade do Pai do que das suas bênçãos. Quem jejua está mais confiado no poder que vem do céu do que nos recursos que procedem da terra.

2. O PROPÓSITO DO JEJUM (Mc 6.16-18). O propósito do jejum não é obter o favor de Deus ou mudar sua vontade (Is 58.1-12). O jejum também não é para impressionar os outros com uma espiritualidade farisaica (Mt 6.16-18). Tampouco é para proclamar nossa espiritualidade diante dos homens. O jejum deve ser uma demonstração do nosso amor a Deus. Jejuar para ser admirado pelos homens é uma motivação errada. Jejum é fome de Deus, e não de aplausos humanos (Lc 18.12). O jejum é para nos humilharmos diante de Deus (Dn 10–12), para suplicarmos sua ajuda (2Cr 20.3; Et 4.16) e para retornarmos a ele de todo o nosso coração (Jl 2.12,13). O jejum é para reconhecermos nossa total dependência da proteção divina (Ed 8.21-23). O jejum é um instrumento para nos fortalecer com o poder divino em face dos ataques do inferno (Mc 9.28,29).

PARTE 2 — A PRÁTICA DA VIDA CRISTÃ

O jejum foi largamente usado pelos servos de Deus do passado. Parece-nos uma prática esquecida e negligenciada pela igreja contemporânea. Se quisermos ver o agir de Deus em nossa vida; se quisermos contemplar um reavivamento espiritual da igreja; se quisermos testemunhar famílias sendo restauradas, precisamos nos dedicar à oração e ao jejum. Não há poder espiritual sem oração e jejum. Precisamos ter fome de Deus. Precisamos apurar o nosso paladar para saborearmos o pão celestial.

3. Os OBSTÁCULOS AO JEJUM (Mc 4.19). O maior obstáculo ao jejum não são as coisas más, mas as coisas boas. Nem sempre nos afastamos de Deus por coisas pecaminosas em si mesmas. Os mais mortíferos apetites não são pelos venenos do mal, mas pelos simples prazeres da terra, os deleites da vida (Lc 8.14; Mc 4.19). Os prazeres desta vida e os desejos por outras coisas não são um mal em si mesmos. Não são vícios. São dons de Deus. No entanto, tudo pode tornar-se substituto mortífero do próprio Deus em nossa vida.

Jesus disse que, antes de sua volta, as pessoas estarão vivendo desatentas como a geração que pereceu no dilúvio. E o que as pessoas estavam fazendo? Comendo e bebendo, casando-se e dando-se em casamento (Mt 24.37-39). Que mal há em comer e beber, casar e dar-se em casamento? Nenhum! Porém, quando nos deleitamos nas coisas boas e substituímos Deus pelas dádivas de Deus, estamos em grande perigo. O jejum não é fome de coisas boas; o jejum é fome de Deus. O jejum não é fome de coisas que Deus dá; o jejum é fome do Deus doador.

4. As INTERVENÇÕES DE DEUS POR MEIO DO JEJUM (At 13.1-3). Deus tem realizado grandes intervenções na história por meio da oração e do jejum do seu povo. Quando Deus deu a lei a seu povo, Moisés dedicou quarenta dias à oração e ao jejum no monte Sinai. Deus libertou Josafá das mãos dos seus inimigos quando ele e seu povo se humilharam em oração e jejum (2Cr 20.3,4,14,15,20,21).

Deus libertou o seu povo da morte por meio da oração e do jejum da rainha Ester e do povo judeu (Et 4.16). Deus usou Neemias para restaurar Jerusalém quando este orou e jejuou (Ne 1.4). Deus usou Paulo e Barnabé para plantar igrejas no Império Romano quando eles se devotaram à oração e ao jejum (At 13.1-4). Os grandes reavivamentos na história da igreja foram respostas à oração e ao jejum. As campanhas evangelísticas com resultados mais promissores são regadas pela oração da igreja e o jejum dos fiéis. Aqueles que mais conhecem a intimidade de Deus e mais se deleitam nele são os que praticam o jejum com certa regularidade.

Hoje temos muitos motivos que deveriam nos levar a jejuar. Precisamos urgentemente da intervenção de Deus em nossa vida, em nossa família, em nossa igreja, em nosso país. Que Deus nos desperte para orar e jejuar! Que Deus nos leve a uma vida de quebrantamento e santidade! Que Deus sacie a nossa alma nos ricos banquetes da sua graça!

A prática do bem não pode esperar

Não te furtes a fazer o bem a quem de direito,
estando na tua mão o poder de fazê-lo (Pv 3.27).

A PRÁTICA DO BEM NÃO PODE SER POSTERGADA. ASSIM NOS ENSINA O TEXTO EM EPÍGRAFE. A PARÁBOLA DO BOM SAMARItano é uma ilustração eloquente do texto em apreço. Tanto o sacerdote quanto o levita viram um homem semimorto caído à beira do caminho e passaram de largo. Agiram com criminosa indiferença. Pensaram mais no próprio conforto e segurança do que em socorrer o necessitado. Eles tinham a oportunidade de fazer o bem, e não o fizeram. A omissão e a indiferença são pecados cruéis. São a apostasia do amor, o divórcio da misericórdia, a morte da sensibilidade. A prática do bem não pode ser postergada se está em nossas mãos o poder de realizá-la imediatamente. Não podemos despedir o nu sem roupa se temos como cobrir sua nudez. Não podemos despedir vazio o faminto se temos em nossa despensa abundância de pão. Não podemos falar ao próximo: volte amanhã, se podemos socorrê-lo no exato momento de sua necessidade. Quem ama tem pressa em socorrer a pessoa amada. Quem ama não adia a solução de um problema que é colocado em suas mãos. Delegar a solução de um problema a outrem, tendo nós a oportunidade de resolvê-lo, é consumada covardia. Deixar de ajudar alguém, tendo nós a chance e os recursos para atendê-lo, é negar o amor. O bem precisa ser praticado e praticado sem tardança.

A palavra de Deus ainda nos adverte: *Não digas ao teu próximo: Vai e volta amanhã; então, to darei, se o tens agora contigo* (Pv 3.28). A demora pode ser um erro irremediável. Protelar uma ação pode ser fatal. Muitos chegam tarde demais, quando poderiam ter chegado mais cedo. Outros deixam de estender a mão para socorrer alguém que está nos portais da morte. Salomão coloca uma situação prática para ilustrar esse fato. O próximo é toda pessoa necessitada que está em nosso caminho, ao nosso alcance. Essa pessoa pode ser membro da família de sangue, ligada à família da fé ou até mesmo alguém que se declara nosso inimigo. Se essa pessoa estiver necessitada e buscar nossa ajuda, tendo nós condições de socorrê-la, não devemos dizer a ela: "Volte amanhã e eu lhe darei o que você me pede". A prática do bem precisa ser feita imediatamente, com senso de urgência, pois a pessoa necessitada nem sempre pode esperar. Nosso coração não pode ser relutante na prática das boas obras. Nossas mãos não podem ser remissas na demonstração do amor. Despedir vazio o faminto, descoberto o nu e sedento o sequioso, com a promessa de que amanhã o ajudaremos, é uma negação do amor, uma apostasia da misericórdia, uma negação da fé. O amor é pródigo na prática do bem. O amor tem pressa em socorrer a pessoa amada. Quem ama sai do território do discurso para engajar-se na ação misericordiosa.

Você tem sido uma fonte exuberante na qual os sedentos encontram refrigério? Você tem sido um celeiro transbordante onde os famintos podem mitigar sua fome? Você tem sido um mensageiro da esperança, em quem os atormentados pelos dramas da vida podem buscar paz? Você tem sido um embaixador da verdade, por quem os errantes podem encontrar o caminho? Você tem sido um amigo fiel, no qual as pessoas aflitas podem encontram uma

PARTE 2 – A PRÁTICA DA VIDA CRISTÃ

palavra de conforto? Você tem sido um conselheiro sábio, por meio de quem as pessoas confusas podem encontrar o caminho da vida? Você tem sido pródigo na prática da misericórdia e cuidadoso na censura ao próximo? Você tem sido um bálsamo do céu no lugar em que está plantado? Você é alguém que torna o ambiente melhor, porque de sua vida transborda a graça de Deus e de suas mãos flui a misericórdia? O alerta continua: Faça o bem, mas faça agora!

Óleo de alegria em vez de pranto

E a pôr sobre os que em Sião estão de luto uma coroa
em vez de cinzas, óleo de alegria, em vez de pranto, veste
de louvor, em vez de espírito angustiado... (Is 61.3).

A VIDA É O PERCURSO QUE FAZEMOS DO BERÇO À SEPULTURA. Nessa jornada escalamos montanhas altaneiras, descemos a vales profundos, atravessamos pinguelas estreitas sobre pântanos perigosos e cruzamos desertos tórridos. Aqui e ali encontramos alguns oásis, alguns jardins engrinaldados, alguns prados verdejantes. Porém, vivemos num mundo hostil, marcado pelo pecado e pela rebelião contra Deus. Não estamos em casa. Aqui não é o nosso lar permanente. Somos peregrinos. Mesmo quando celebramos nossas vitórias, temperamos nossas alegrias com lágrimas amargas que nos rolam pelo rosto.

Ah, a vida, de fato, não é indolor! Enquanto caminhamos rumo ao lar, enfrentamos ameaças que vêm de fora e pressões que brotam de dentro. Somos acuados por muitos inimigos e ameaçados por muitos perigos. Nessas horas, sentimo-nos tristes, abatidos, achatados debaixo do rolo compressor da angústia. As lágrimas quentes molham nosso rosto e inundam nossa alma. Um manto cheio de cinza nos cobre da cabeça aos pés. Morrem em nossos

PARTE 2 — A PRÁTICA DA VIDA CRISTÃ

lábios os vivas de júbilo. Nossos recursos acabam e nossas forças entram em colapso. Mas é exatamente quando nos sentimos totalmente desprovidos de forças que Deus irrompe em nossa história e faz uma poderosa mudança. Ele converte nosso pranto em folguedo. Ele arranca o nosso saco de cinza e nos cinge com vestes de alegria. Ele tira os nossos pés de um tremedal de lama e nos coloca sobre uma rocha firme. Ele afasta de nossos lábios os gemidos pungentes e enche nossa boca de alegres cânticos. Deus levanta nosso espírito abatido e nos inspira a cantar louvores até mesmo nas noites mais escuras da alma. Essa mudança não procede da meditação transcendental, mas vem daquele que é transcendente, o Deus Todo-poderoso. Essa mudança não é operada pelo homem, mas vem do próprio Deus. Não procede da terra, mas desce do céu. Não vem da psicologia de autoajuda, mas emana da ajuda do alto.

O salmista nos mostra essa gloriosa mudança operada por Deus em sua vida: *Converteste o meu pranto em folguedos; tiraste o meu pano de saco e me cingiste de alegria, para que o meu espírito te cante louvores e não se cale...* (Sl 30.11,12). Talvez hoje sua alma esteja abatida. Talvez suas noites sejam tenebrosas. Talvez suas lágrimas sejam o seu alimento. Não desanime. Não entregue os pontos. Não jogue a toalha. Deus pode irromper em sua vida, dar um sinal de seu favor à sua família, manifestar a sua glória dentro de sua casa e transformar, também, seu choro em alegria, seu espírito angustiado em cânticos de louvor. Lembre-se: o choro pode durar uma noite inteira, mas a alegria vem pela manhã, pois aquele que um dia enxugará dos nossos olhos toda lágrima, por antecipação, já nos dá sinais de seu consolo aqui e já nos mostra vislumbres de sua glória eterna!

Volte em paz para sua casa

Tendo-se levantado Labão pela madrugada,
beijou seus filhos e suas filhas e os abençoou;
e, partindo, voltou para sua casa (Gn 31.55).

Jacó precisou fugir da casa de seus pais. Seu irmão Esaú queria matá-lo. Depois de muitas trapaças e mentiras, a situação ficou insustentável. Orientado por sua mãe, enganou o pai e traiu o irmão. Agora, não podia mais ficar. As fraquezas de Jacó, entretanto, não anularam o propósito de Deus em sua vida. Deus lhe apareceu em Betel e lhe fez promessas. Jacó prosseguiu viagem e chegou a Padã-Arã, onde conheceu Labão e suas filhas. Trabalhou quatorze anos para seu sogro para ter o direito de se casar com Raquel. Deus abençoou sua vida e ele prosperou. Seu sogro era um homem esperto e queria se aproveitar dele, mas Deus reverteu a situação e Jacó enriqueceu. Depois de vinte anos, Jacó tinha numerosa família e muitos bens.

O sucesso de Jacó foi a perturbação de Labão e de seus filhos. Jacó já não era mais bem-visto pelo sogro nem pelos cunhados. Não tinha mais espaço naquela terra, então, resolveu voltar. Reuniu suas mulheres, seus filhos, seu gado e saiu. Porém, ao saber de sua fuga, Labão foi atrás dele, cheio de ira, e o confrontou. Jacó se defendeu, e eles se perdoaram e se reconciliaram. Jacó voltou

PARTE 2 — A PRÁTICA DA VIDA CRISTÃ

à sua terra e Labão retornou a seu lar. Esse episódio nos enseja algumas lições:

1. QUANDO FALTA TRANSPARÊNCIA NOS RELACIONAMENTOS, SURGEM MÁGOAS E RESSENTIMENTOS. Labão quis passar a perna em Jacó e explorá-lo. Jacó desde cedo percebeu que a relação de seu sogro com ele não era uma relação de amor e transparência, mas de interesse e exploração. Isso criou uma fenda no relacionamento entre eles. Mesmo trabalhando perto, morando perto e convivendo, não havia diálogo nem comunhão.

2. QUANDO A MALQUERENÇA SE INSTALA, A CONVIVÊNCIA SE TORNA INSUPORTÁVEL. Jacó não podia mais ficar. Precisou reunir sua família e sair. As palavras dos cunhados e o rosto do sogro não eram mais favoráveis a ele. Suspeitas, acusações e hostilidades eram tudo que havia sobrado daquela relação utilitarista. A família não tinha mais comunhão. O dinheiro ocupou o lugar dos relacionamentos. O lucro tomou o lugar do amor. A intenção de levar vantagem em tudo pavimentou o caminho para a mágoa, e a mágoa separou quem deveria ter vivido em comunhão.

3. QUANDO A COMUNHÃO ACABA E A DESAVENÇA SE ESTABELECE, É PRECISO TER CORAGEM PARA ENFRENTAR O PROBLEMA. Labão foi atrás de Jacó. O que dominava seu coração era o ódio. Estava furioso, revoltado. Sentiu-se traído. Jacó, por sua vez, lancetou os abcessos da alma e pôs para fora sua mágoa represada há vinte anos. Essa faxina da alma, porém, trouxe oportunidade para eles falarem um para o outro o que estava engasgado. Abriram a caixa de ferramenta, o porão da alma, e fizeram uma assepsia do coração. O confronto e a confissão trouxeram cura para ambos.

4. O CONFRONTO PRECISA DESEMBOCAR EM PERDÃO E RESTAURAÇÃO. Labão e Jacó se reconciliaram. Abraçaram-se e se perdoaram. Comeram juntos e choraram. Agora, Labão torna-se, de fato, o pai de suas filhas e o sogro de Jacó. Dá conselhos e faz aliança. Não temos uma família perfeita. Porém, mesmo com suas

rusgas e seus conflitos mal resolvidos, jamais podemos desistir da nossa família. Ela é preciosa, e não podemos abrir mão dela. Precisamos ter coragem para confrontar e humildade para pedir perdão e perdoar. Precisamos dar o primeiro passo para restaurar o que foi quebrado e restituir o que foi perdido.

5. QUANDO OS RELACIONAMENTOS SÃO CURADOS, HÁ PAZ PARA CADA UM VOLTAR PARA SUA CASA. Tanto Labão quanto Jacó puderam voltar em paz para sua casa. Cada um seguiu o seu caminho e foi guiado por Deus para cumprir o propósito de sua vida. Caminhar deixando pendências para trás é uma tragédia. Jacó saiu do encontro com o sogro para o encontro com Esaú. O mesmo Deus que o ajudou a restaurar seu relacionamento com o sogro pavimentou o caminho da reconciliação com Esaú, seu irmão. Há conflitos na sua casa? Há pendências em sua família? É hora de resolver isso e voltar em paz para casa!

Busque as primeiras coisas primeiro

> *Buscai, pois, em primeiro lugar, o seu*
> *reino e a sua justiça, e todas estas coisas*
> *vos serão acrescentadas* (Mt 6.33).

VIVEMOS SOB A PRESSÃO DAS COISAS URGENTES. ELAS BATEM À NOSSA PORTA E NÃO TÊM PACIÊNCIA PARA ESPERAR. SOMOS A geração escrava do relógio e da agenda. Corremos de um lado para o outro, afadigando-nos com muitas coisas, mas desfrutamos pouco das coisas verdadeiramente importantes. Entramos numa ciranda sem-fim e nossa vida anda como um carrossel em alta velocidade, sem que saibamos como pará-lo. É tempo de fazermos uma avaliação, de termos coragem para tomar decisões sensatas que nos coloquem na estrada da busca das verdadeiras priorida-des. O que devemos buscar em primeiro lugar?

1. EM PRIMEIRO LUGAR, DEVEMOS PRIORIZAR O NOSSO RELA-CIONAMENTO COM DEUS. A sociedade contemporânea capitulou ao secularismo. As pessoas não têm tempo para Deus ou pensam que não têm. Elas correm atrás de muitas coisas: dinheiro, traba-lho, sucesso, conforto, prazer, lazer, e relegam Deus a um plano secundário. Elas são mais zelosas com seus próprios interesses do que com as coisas de Deus. Sua vida não é regida pelas Escrituras.

Seus sentimentos e desejos estão acima da verdade de Deus. Por essa razão, nossa geração está confusa e perdida. Precisamos compreender que a nossa maior necessidade é de Deus. Ele é melhor e mais importante que suas bênçãos. Acerte sua vida com Deus. Emende suas veredas e volte-se ao Senhor. Busque-o com toda a sofreguidão do seu coração. Ande com ele humildemente e você experimentará uma vida plena, abundante e superlativa.

2. EM SEGUNDO LUGAR, DEVEMOS PRIORIZAR O NOSSO RELACIONAMENTO COM A FAMÍLIA. A família é o mais rico patrimônio que Deus nos deu. Precisamos investir na família o melhor daquilo que Deus nos tem dado. Nenhum sucesso compensa o fracasso da família. Não podemos amar as coisas e usar as pessoas da nossa própria casa. Não podemos construir os nossos sonhos e arrebentar com a família. Não podemos ser mais amáveis com os de fora do que com os da nossa própria casa. Quem não cuida dos seus é pior do que o incrédulo. O marido deve ser devotado à esposa; a esposa precisa ser uma fonte de alegria para o marido; os pais precisam orientar os filhos com sabedoria e amor, e os filhos precisam obedecer aos pais com reverência. Nenhum outro interesse terreno pode se interpor entre nós e nossa família. Ela é o nosso maior bem. Nossa família precisa estar no altar de Deus, vivendo segundo a vontade Deus, para a glória de Deus. Ela deve ser uma igreja viva a serviço do Deus vivo.

3. EM TERCEIRO LUGAR, DEVEMOS PRIORIZAR O NOSSO RELACIONAMENTO COM A IGREJA. A igreja não é um clube de serviço, onde pagamos nossa mensalidade e frequentamos quando não temos algo mais interessante para fazer. A igreja é o rebanho de Deus, o corpo de Cristo, a coluna e baluarte da verdade. Precisamos estar envolvidos e comprometidos em sustentar a igreja com a nossa presença, com o nosso testemunho, com as nossas orações e com os nossos dízimos e ofertas. Somos o corpo de Cristo em ação. Devemos desenvolver nossos dons para a edificação da

igreja e buscar aqueles por quem Cristo deu a sua vida. Na igreja há um ministério para cada membro, pois todos são úteis e necessários. Priorize sua igreja. Ame-a, participe assídua e pontualmente de suas atividades e trabalhe para o seu crescimento espiritual e numérico.

Não há gaveta em caixão

Não temas, quando alguém se enriquecer, quando avultar
a glória de sua casa; pois, em morrendo, nada levará
consigo, a sua glória não o acompanhará (Sl 49.16,17).

A BUSCA DESENFREADA PELA RIQUEZA É UMA OBSESSÃO DO HOMEM DESDE OS PRIMÓRDIOS. O HOMEM NÃO SE CONTENTA apenas em ter suas necessidades supridas; quer ajuntar campo a campo, casa a casa, e acumular para si muitos tesouros. É preciso deixar claro que a riqueza é uma bênção, e não um pecado, se adquirida com honestidade e com a bênção de Deus. A riqueza mal adquirida, entretanto, é uma maldição, e os que entram por esse caminho atormentam a sua alma com muitos flagelos. A riqueza é transitória. O homem não trouxe nada para o mundo e dele nada levará. A palavra de Deus diz: *Não temas, quando alguém se enriquecer, quando avultar a glória de sua casa; pois, em morrendo, nada levará consigo, a sua glória não o acompanhará* (Sl 49.16,17).

Quando John Rockfeller, o primeiro bilionário do mundo, morreu, um curioso perguntou para seu contador no cemitério: "E aí, quanto o dr. John Rockfeller deixou?" O contador respondeu de pronto: "Ele deixou tudo; não levou sequer um centavo". As riquezas granjeadas nesta vida aqui mesmo ficarão. A busca desenfreada por bens materiais, como a razão da própria vida, portanto, é uma consumada insensatez. Acumular tesouros, ajuntar riquezas, entesourar apenas para esta vida é um péssimo negócio e um tolo investimento. Confiar nos bens como se eles pudessem nos dar segurança e felicidade é um ledo engano. Acreditar que nossas casas serão perpétuas e nossas moradas serão por todas as gerações, imprimindo o nosso próprio nome em nossas terras, é esquecer-se de que somos peregrinos aqui e não temos casa permanente neste mundo. A ostentação da riqueza, portanto, é tolice. Cumular de glória as coisas terrenas e passageiras é pura frustração, pois, em morrendo, o homem nada levará consigo. Não há caminhão de mudança em enterro, gaveta em caixão, nem bolso em mortalha.

Devemos viver neste mundo sem ostentação, vestidos com o manto da humildade e calçados com as sandálias da gratidão e da generosidade, usando os bens que temos não apenas para o nosso deleite, mas também, e sobretudo, para socorrer os necessitados. O dinheiro é um bom servo, mas um péssimo patrão. Não há qualquer problema em possuí-lo, porém, ser possuído por ele é uma tragédia. O problema, portanto, não é ter dinheiro nas mãos, mas tê-lo no coração. O amor ao dinheiro é raiz de todos os males. Por amor ao dinheiro muitos mentem, roubam, saqueiam, matam e morrem. Por amor ao dinheiro muitos contraem casamento e se divorciam. Por amor ao dinheiro muitos corrompem e são corrompidos. Por amor ao dinheiro muitos vendem sua alma ao diabo e perecem eternamente no inferno.

As pessoas mais felizes não são aquelas que têm mais dinheiro, mas as que têm mais contentamento no coração. O contentamento é um aprendizado. O apóstolo Paulo, preso em Roma, algemado e no corredor da morte, disse que aprendeu a viver contente em toda e qualquer situação. O contentamento não é determinado pela quantidade de dinheiro que temos nas mãos, mas pela gloriosa paz de Deus que desfrutamos no coração. Aqueles que são salvos por Cristo, têm seus pecados cancelados e foram reconciliados com Deus são herdeiros de Deus e coerdeiros com Cristo.

Possuem a maior de todas as riquezas, encontraram o maior de todos os tesouros e receberam a maior de todas as heranças. Esses são verdadeiramente felizes. Quando partirem deste mundo, deixarão aqui seus tesouros e bens, mas entrarão no gozo do Senhor, para tomar posse das riquezas insondáveis da glória, riquezas essas que olho nenhum viu e ouvido algum jamais ouviu. Essa é a verdadeira riqueza, da qual nem mesmo a morte pode nos privar. Oh, quão ricos são os filhos de Deus!

O cristão e a política

> *Todo homem esteja sujeito às autoridades*
> *superiores; porque não há autoridade que não*
> *proceda de Deus; e as autoridades que existem*
> *foram por ele instituídas* (Rm 13.1).

ROMANOS 13.1-7 É UM DOS TEXTOS MAIS IMPORTANTES DA HISTÓRIA SOBRE A QUESTÃO POLÍTICA. A PALAVRA DE DEUS estabelece princípios claros acerca do papel do Estado e da responsabilidade dos cidadãos, a fim de que haja ordem e progresso na sociedade. Destacaremos, à luz do texto, três verdades importantes:

1. A ORIGEM DAS AUTORIDADES CONSTITUÍDAS (Rm 13.1,2). Paulo diz que não há autoridade que não proceda de Deus, e as autoridades que existem foram por ele instituídas. Logo, opor-se deliberada e formalmente à autoridade é resistir à própria ordenação de Deus. Aqueles que entram por esse caminho de não obediência e anarquia trarão sobre si mesmos condenação. É óbvio que o apóstolo Paulo não está dizendo que Deus é o responsável moral pelos magistrados ditadores e corruptos que ascendem ao poder. Deus instituiu o princípio do governo e da ordem, e não o despotismo. As autoridades não podem domesticar a consciência dos cidadãos nem desrespeitar a sua fé. Nossa sujeição às autoridades não é submissão servil nem subserviência, mas submissão

MENSAGENS SELECIONADAS PARA A VIDA

crítica e positiva. A relação entre a igreja e o Estado deve ser de respeito, e não de subserviência. Deus não é Deus de confusão nem aprova a anarquia. Deus instituiu a família, a igreja e o Estado para que haja ordem na terra e justiça entre os homens. 2. A NATUREZA DAS AUTORIDADES CONSTITUÍDAS (Rm 13.3-5). As autoridades constituídas não devem ser absolutistas. Elas governam sob o governo de Deus. A fonte de sua autoridade não emana delas mesmas nem do povo. Emana de Deus através do povo. Portanto, a autoridade é ministro (*diákonos*) de Deus, ou seja, é servo de Deus para servir ao povo. Aqueles que recebem um mandato pelo voto popular não ascendem ao poder para se servir do povo, mas para servir ao povo. Não chegam ao poder para se locupletar, mas para se doar. Não buscam seus interesses, mas os interesses do povo. Esse princípio divino mostra que o político que sobe ao poder pobre e desce dele endinheirado não merece nosso voto. O político que usa seu mandato para roubar os cofres públicos e desviar os recursos que deveriam atender às necessidades do povo, a fim de enriquecer ilicitamente, deve ter nosso repúdio, e não nosso apoio. O político que rouba ou deixa roubar, que se corrompe ou deixa a corrupção correr solta, que acusa os adversários, mas protege seus aliados, não deve ocupar essa posição de ministro de Deus, pois Deus abomina a injustiça e condena o roubo.

3. A FINALIDADE DAS AUTORIDADES CONSTITUÍDAS (Rm 13.4-7). Deus instituiu as autoridades com dois propósitos claros: a promoção do bem e a proibição do mal. O governo é ministro de Deus não só para fazer o bem, mas também para exercer o juízo de Deus sobre os transgressores. Portanto, devemos sujeitar-nos às autoridades não por medo de punição, mas por dever de consciência. Cabe a nós, como cidadãos, orar pelas autoridades constituídas, honrá-las, respeitá-las e pagar-lhes tributo, uma vez que seu chamado é para atender constantemente a essa honrosa diaconia, de servir o povo em nome de Deus. Quando, porém, as autoridades

PARTE 2 – A PRÁTICA DA VIDA CRISTÃ

invertem essa ordem e passam a promover o mal e a proibir o bem, chamando luz de trevas e trevas de luz, cabe a nós alertar as autoridades a voltarem à sua vocação. Se essas autoridades, porém, quiserem nos impor leis injustas, forçando-nos a negar a nossa fé, cabe-nos agir como os apóstolos: *Antes, importa obedecer a Deus do que aos homens* (At 5.29).

Voto responsável:
o exercício da cidadania

*Quando se multiplicam os justos,
o povo se alegra, quando, porém, domina
o perverso, o povo suspira* (Pv 29.2).

SOMOS HERDEIROS DE UMA CULTURA EXTRATIVISTA. NOSSOS COLONIZADORES VIERAM PARA O BRASIL COM A INTENÇÃO DE explorar as riquezas desta terra, e não de construir aqui uma pátria. Rui Barbosa, o grande tribuno brasileiro, alertou para o perigo das ratazanas que mordem sem piedade o erário público, perdendo a capacidade de se envergonhar com isso. Muitos políticos capitulam a esquemas de corrupção e enriquecimento ilícito, assaltando os cofres públicos e deixando um rombo criminoso nas verbas destinadas a atender as urgentes necessidades sociais. As campanhas milionárias já acenam e pavimentam o caminho da corrupção. A consequência inevitável desta sombria realidade é a profunda decepção com a maioria dos políticos, que faz promessas demagogas em tempos de campanha, mas se esquece do povo ao longo de seu mandato.

O resultado da corrupção e da administração pública perdulária é que, apesar de sermos a sétima economia do mundo, temos um povo sofrido, com quarenta milhões de pessoas vivendo abaixo da

PARTE 2 — A PRÁTICA DA VIDA CRISTÃ

linha de pobreza. O Brasil tem uma das mais injustas e perversas distribuições de renda do planeta e, ao mesmo tempo, uma das mais altas cargas tributárias do mundo. O nosso problema não é falta de riqueza, mas falta de justiça. A igualdade dos direitos está apenas no papel da nossa lei magna, mas não na prática dessa lei.

Temos o sagrado direito de escolher os nossos representantes. Votar é delegar a alguém o direito legítimo de nos representar. Mas, como escolher com responsabilidade? Qual é o perfil de um candidato digno do nosso voto?

1. É ALGUÉM QUE TEM VOCAÇÃO POLÍTICA. O reformador João Calvino disse que "não se deve pôr em dúvida que o poder civil é uma vocação, não somente santa e legítima diante de Deus, mas também mui sacrossanta e honrosa entre todas as vocações". A Bíblia diz que a autoridade constituída procede de Deus e é ministro de Deus para promover o bem e coibir o mal. Nenhum candidato deve merecer o nosso voto sem que primeiro apresente evidências da sua vocação política.

2. É ALGUÉM QUE TEM PREPARO INTELECTUAL E SABEDORIA. Um candidato digno do nosso voto precisa ser preparado intelectualmente. Precisa ter independência para pensar, avaliar e decidir. Deve conhecer as leis, os trâmites, os meandros do poder, as potencialidades da nação, as necessidades do povo, as prioridades sociais. Um político preparado não pode ser um refém nas mãos dos espertalhões. Não basta, entretanto, ter conhecimento, é preciso também ter sabedoria. Sabedoria é usar o conhecimento para o bem, e não para o mal. Sabedoria é tomar decisões compatíveis com os princípios e os valores absolutos estabelecidos pelo próprio Deus em favor do povo.

3. É ALGUÉM QUE TEM UM CARÁTER INCORRUPTÍVEL. Temos assistido, com espanto, o naufrágio moral de muitos caciques da política brasileira. Não poucos sucumbem diante do suborno e vendem sua consciência e a própria honra da nação. Há aqueles

MENSAGENS SELECIONADAS PARA A VIDA

que são verdadeiros dráculas, deixando a nação anêmica, empanturrando-se do sangue daqueles que lutam bravamente para sobreviver. Se quisermos conhecer um bom político, precisamos examinar o seu passado. O político digno do nosso voto é aquele que ama mais o povo do que a si mesmo, que pensa no bem do povo mais do que no seu próprio bem-estar. É alguém movido pelo combustível do idealismo e do altruísmo, e não pelo veneno da ganância insaciável.

4. É ALGUÉM CAPAZ DE VISLUMBRAR SOLUÇÕES PARA PROBLEMAS APARENTEMENTE INSOLÚVEIS. O verdadeiro político é uma pessoa de visão. Enxerga os vastos horizontes por sobre os ombros dos gigantes. Discerne o seu tempo, vislumbra o futuro e o traz para o presente, deixando sua marca na história. Constrói pontes para o futuro e antecipa soluções. O líder é alguém que abre caminhos para a resolução de problemas aparentemente insolúveis. Nas próximas eleições precisamos adotar três atitudes. Primeiro, devemos escolher os nossos representantes pela têmpera de seu caráter, pela história de sua vida e de suas lutas, e não pela demagogia de suas promessas. Segundo, devemos fiscalizar os atos daqueles que foram eleitos. Terceiro, devemos orar a Deus pelos eleitos para que sejam íntegros e fiéis no exercício do seu mandato.

Os *abomináveis ídolos do coração*

Sabei, pois, isto: nenhum incontinente, ou impuro, ou avarento, que é idólatra, tem herança no reino de Cristo e de Deus (Ef 5.5).

O SEGUNDO MANDAMENTO DA LEI DE DEUS CONDENA PEREMPTORIAMENTE A IDOLATRIA. A IDOLATRIA É MUITO MAIS ABRANgente do que simplesmente a fabricação e adoração de imagens de escultura. Este terrível pecado é muito mais sutil e perigoso do que podemos imaginar. Há ídolos materiais e imateriais; concretos e abstratos; tangíveis e intangíveis. Destacaremos, aqui, quatro desses ídolos.

1. A RIQUEZA. Jesus foi categórico: *Ninguém pode servir a dois senhores; porque ou há de aborrecer-se de um e amar ao outro, ou se devotará a um e desprezará ao outro. Não podeis servir a Deus e às riquezas* (Mt 6.24). O dinheiro é mais do que uma moeda, é um espírito, um ídolo. É Mamom. O dinheiro é o ídolo mais adorado em nossa geração. Por ele, muitos vivem e morrem; casam-se e se divorciam; corrompem e são corrompidos; matam e mandam matar. Jesus chama a riqueza de senhor, e esse senhor exige de seus súditos todo o tempo e toda a consagração. Aqueles que servem às riquezas não podem servir a Deus. O apóstolo Paulo corrobora:

MENSAGENS SELECIONADAS PARA A VIDA

Ora, os que querem ficar ricos caem em tentação, e cilada, e em muitas concupiscências insensatas e perniciosas, as quais afogam os homens na ruína e perdição. Porque o amor do dinheiro é raiz de todos os males; e alguns, nessa cobiça, se desviaram da fé e a si mesmos se atormentaram com muitas dores (1Tm 6.9,10).

2. A SOBERBA. O livro de Daniel descreve a soberba do megalomaníaco rei Nabucodonosor nestes termos: *falou o rei e disse: Não é esta a grande Babilônia que eu edifiquei para a casa real, com o meu grandioso poder e para glória da minha majestade?* (Dn 4.30). Muitos homens, à semelhança de Nabucodonosor, adoram a si mesmos e prostram-se diante de sua própria majestade e poder. Não se humilham sob a poderosa mão de Deus; ao contrário, exaltam-se, colocam-se no pedestal e batem palmas para si mesmos. A soberba é um ídolo erigido no próprio coração do homem que o leva a adorar a si mesmo em vez de adorar a Deus. A soberba é um ídolo que disputa o primeiro lugar no coração do homem, levando-o a pensar que é o centro do universo. A soberba é uma abominação para Deus. Por isso, *Deus resiste aos soberbos* (1Pe 5.5).

3. O PRAZER. O apóstolo Paulo, fazendo uma lista tenebrosa dos pecados que escravizam as pessoas, diz que os homens *são mais amigos dos prazeres que amigos de Deus* (2Tm 3.4). A decadência da sociedade deve-se ao fato de o amor estar mal direcionado. Os homens são egoístas (amantes de si mesmos), avarentos (amantes do dinheiro) e amantes dos prazeres. Os prazeres desta vida são ídolos sedutores, e no altar do prazer muitos se prostram. Vivemos numa sociedade embriagada pelo prazer. O sexo ilícito é comercializado, promovido e aplaudido. A fornicação (a relação sexual antes do casamento), o adultério (a relação sexual fora do casamento) e as práticas homoafetivas (a relação entre pessoas do mesmo sexo) são buscadas avidamente por aqueles que fazem do prazer seu ídolo de estimação. Aqueles que se prostram diante do ídolo dos prazeres não herdarão o reino de Deus (1Co 6.9,10).

PARTE 2 — A PRÁTICA DA VIDA CRISTÃ

4. A FALSA PIEDADE. O apóstolo Paulo conclui sua lista tenebrosa da sociedade decadente e apóstata com as seguintes palavras: *tendo forma de piedade, negando-lhe, entretanto, o poder* (2Tm 3.5). A religião verdadeira precisa ter dois componentes vitais: a teologia certa e a vida certa. Teologia e ética; doutrina e vida; credo e conduta precisam caminhar de mãos dadas. Há aqueles que, embora tenham doutrina certa, vivem de forma errada. Há outros que abraçam doutrinas heréticas e por isso vivem de forma heterodoxa. A falsa piedade é um ídolo, pois muitos, mesmo vivendo na prática dos mais terríveis pecados, colocam a máscara da piedade e pensam que estão no caminho certo. A falsa piedade é um ídolo que engana as pessoas, mantendo-as prisioneiras de uma falsa religião. A falsa piedade entorpece a mente e cauteriza a consciência. Mantém as pessoas enganadas no tempo e as conduz à perdição eterna (Ap 21.8). Os idólatras não herdarão o reino de Deus (1Co 6.9). A idolatria é abominável a Deus, pois é um esforço afrontoso e inútil de colocar algo ou alguém no lugar insubstituível de Deus. Permanece o alerta bíblico: *Filhinhos, guardai-vos dos ídolos* (1Jo 5.21).

Construa pontes em vez de cavar abismos

Se possível, quanto depender de vós, tende paz com todos os homens (Rm 12.18).

NÓS NÃO SOMOS PERFEITOS NEM CONVIVEMOS COM PESSOAS PERFEITAS. TEMOS, NÃO RARO, MOTIVOS DE QUEIXAS UNS contra os outros. Os relacionamentos mais íntimos adoecem. As amizades mais próximas acidentam-se nos rochedos das decepções e das mágoas. As palavras de amor são substituídas por censuras e os abraços fraternos são trocados pelo afastamento gelado.

Os relacionamentos adoecem na família, na igreja e no trabalho. Pessoas que andaram juntas e comungaram dos mesmos sentimentos e ideais afastam-se. Cônjuges que fizeram votos de amor no altar ferem um ao outro com palavras duras. Amigos que celebravam juntos as venturas da vida distanciam-se. Parentes que degustavam as finas iguarias no banquete da fraternidade recuam amargurados. Irmãos que celebravam festa ao Senhor com o mesmo entusiasmo apartam-se, tomados por dolorosa indiferença.

Como podemos restaurar esses relacionamentos quebrados? Como podemos nos despojar da mágoa que nos atormenta? Como podemos buscar o caminho do perdão e construir pontes em vez de cavar abismos?

PARTE 2 — A PRÁTICA DA VIDA CRISTÃ

1. RECONHECENDO NOSSA PRÓPRIA CULPA NA QUEBRA DESSES RELACIONAMENTOS. É mais fácil acusar os outros do que reconhecer nossos próprios erros. É mais fácil ver os erros dos outros do que admitir os nossos próprios. É mais cômodo recolher-nos na caverna da autopiedade do que admitir com honestidade a nossa própria parcela de culpa. A cura dos relacionamentos começa com o correto diagnóstico das causas que provocaram as feridas. E um diagnóstico honesto passa pela admissão da própria culpa.

2. TOMANDO ATITUDES PRÁTICAS DE CONSTRUIR PONTES DE APROXIMAÇÃO EM VEZ DE CAVAR ABISMOS DE SEPARAÇÃO. A honestidade de reconhecer nossa culpa e a humildade de dizer isso para a pessoa que está magoada conosco são o caminho mais curto e mais seguro para termos vitória na restauração dos relacionamentos quebrados. Jesus Cristo nos ensinou a tomar a iniciativa de buscar o perdão e a reconciliação. Não podemos ficar na retaguarda, enchendo-nos de supostas razões, esperando que os outros tomem a iniciativa. Devemos nós mesmos dar o primeiro passo. Deus honrará essa atitude.

3. TOMANDO A ATITUDE DE PERDOAR A PESSOA QUE ESTÁ MAGOADA CONOSCO ASSIM COMO DEUS EM CRISTO NOS PERDOOU. É mais fácil falar de perdão do que perdoar. O perdão não é coisa fácil, mas é necessário. Não podemos ser verdadeiros cristãos sem o exercício do perdão. O perdão também não é coisa rasa. Não podemos nos contentar com uma cura superficial dos relacionamentos feridos. Não podemos ignorar o poder da mágoa nem achar que o silêncio ou o tempo, por si mesmos, podem trazer cura para esses relacionamentos estremecidos. O perdão é mais do que sentimento, é uma atitude. Devemos perdoar porque fomos perdoados, e devemos perdoar como fomos perdoados. Devemos apagar os registros que temos guardado nos arquivos da nossa memória. Não devemos cobrar mais aquilo que já perdoamos nem lançar mais no rosto da pessoa aquilo que já resolvemos

aos pés do Salvador. O perdão é um milagre. É obra da graça de Deus em nós e através de nós. É dessa fonte da graça que emana a cura para os relacionamentos quebrados. Que Deus nos dê a alegria da cura dos relacionamentos no banquete da reconciliação!

Governantes, ouçam a palavra de Deus!

> *Visto que a autoridade é ministro de Deus para teu bem. [...] ministro de Deus, vingador, para castigar o que pratica o mal* (Rm 13.4).

O BRASIL VIVE UM DOS MOMENTOS MAIS SOMBRIOS DE SUA HISTÓRIA. HÁ UMA CRISE DE INTEGRIDADE QUE ATINGE O CORAção da nação. A corrupção tornou-se endêmica e sistêmica e infiltrou-se na vida política de forma contumaz. O descrédito dos políticos com o povo é quase absoluto. É tempo de os governantes ouvirem a palavra de Deus!

I. O GOVERNANTE QUE PROMOVE O RELATIVISMO MORAL FAZ O POVO GEMER. *Quando se multiplicam os justos, o povo se alegra, quando, porém, domina o perverso, o povo suspira* (Pv 29.2). O perverso é aquele que não leva Deus em conta em suas ações e escarnece da verdade. O perverso aplaude o que Deus reprova e repudia o que Deus determina. O perverso transtorna a sociedade ao conspirar contra os valores absolutos que devem reger a família, estabelecendo em seu lugar o relativismo ético que desemboca na decadência da nação. Estamos assistindo a uma inversão de valores em nossa sociedade. Aqueles que deveriam defender os sadios preceitos da ética são os mesmos que a atacam como escorpiões do deserto.

2. O GOVERNANTE QUE AUMENTA IMPOSTOS PARA TAPAR OS BURACOS DE SEUS GASTOS PERDULÁRIOS TRANSTORNA A TERRA. *O rei justo sustém a terra, mas o amigo de impostos a transtorna* (Pv 29.4). Aqueles que governam são autoridades constituídas por Deus para promover o bem e coibir o mal. Os governantes são diáconos de Deus para servir ao povo, em vez de se servir do povo. Os governantes devem receber dos governados todo respeito, e os governados devem pagar-lhes tributos. Porém, quando os governantes deixam de ser gestores responsáveis, abrindo a torneira da corrupção e gastando perdulariamente os recursos que deveriam ser investidos na promoção do bem, exigindo mais impostos para cobrir esse rombo, esses governantes transtornam a terra, afligem o povo e tornam-se um flagelo para a nação.

3. O GOVERNANTE QUE ESTÁ MAL ASSESSORADO CORROMPE TODA A ESTRUTURA DO SEU GOVERNO. *Se o governador dá atenção a palavras mentirosas, virão a ser perversos todos os seus servos* (Pv 29.12). Todo governante é assessorado por pessoas de sua confiança. Se esses assessores são pessoas de caráter disforme, bajuladores mentirosos, que ocultam a verdade, torcem os fatos e aviltam a justiça, esse governante acaba criando uma escola de perversidade e estabelecendo uma cultura de mentira e corrupção em toda a nação. Os governantes precisam ser exemplo de integridade para o povo. Se, porém, eles se tornam repreensíveis, a nação toda é induzida à prática das mesmas perversidades.

4. O GOVERNANTE QUE CUIDA DOS POBRES E CUJA PRÁTICA DA JUSTIÇA É O AVALISTA DE SUAS PALAVRAS TEM A APROVAÇÃO DE DEUS E O APOIO DO POVO. *O rei que julga os pobres com equidade firmará o seu trono para sempre* (Pv 29.14). Os governantes populistas dizem que lutam pelo povo, mas apenas usam o povo. Desviam os recursos que deveriam atender às necessidades do

PARTE 2 – A PRÁTICA DA VIDA CRISTÃ

povo, a fim de se locupletar e se manter no poder. As ações dos governantes precisam ser o avalista de suas palavras. Quando os governantes agem com justiça para defender os direitos daqueles que não têm vez nem voz, ganham com isso a aprovação de Deus e o apoio do povo, firmando assim o seu governo. A Escritura diz: *O príncipe falto de inteligência multiplica as opressões, mas o que aborrece a avareza viverá muitos anos* (Pv 28.16).

5. O GOVERNANTE QUE SE RENDE À CORRUPÇÃO TRANSTORNA A SUA VIDA E PERDE A AUTORIDADE PARA GOVERNAR. *O que tem parte com o ladrão aborrece a própria alma; ouve as maldições e nada denuncia* (Pv 29.24). Um governante íntegro não negocia princípios e valores. Não se rende à sedução da riqueza ilícita nem à pressão dos poderosos para auferir vantagens. Os governantes que entram em esquemas de corrupção tornam-se prisioneiros do crime e reféns dos criminosos. Perdem a autoridade para investigar e punir os delinquentes que fazem falcatruas subterrâneas para assaltar os cofres públicos. Aqueles que governam precisam fazê-lo com probidade e lisura, a fim de que a nação erga o estandarte da ordem e do progresso.

Uma fera indomável

> *Porque todos tropeçamos em muitas coisas. Se*
> *alguém não tropeça no falar, é perfeito varão, capaz*
> *de refrear também todo o corpo* (Tg 3.2).

B ENJAMIM FRANKLIN DISSE QUE A FERA MAIS PERIGOSA DO
MUNDO TEM SUA TOCA ESCONDIDA ATRÁS DOS DENTES. A LÍN-
gua é fogo. É mundo de iniquidade. Coloca em ruínas toda a carreira humana. Tem o poder de dirigir, pois é como o freio de um
cavalo e como o leme de um navio. Se bem utilizada, pode condu-
zir-nos em segurança, mas se usada com insensatez, pode levar-nos
à destruição. A língua tem o poder de destruir. É como fogo e como
veneno letal. Uma pequena chama incendeia uma floresta. Uma
pequena dose de veneno tem um terrível poder letal. Por outro
lado, a língua tem o poder de deleitar. É como uma fonte e como
uma árvore frutífera. Deve trazer refrigério para os cansados e alimentar os famintos.

Tiago faz três afirmações sobre a língua, que vamos aqui
destacar:

1. A LÍNGUA É DESTRUIDORA (Tg 3.1-6). A língua é um
pequeno órgão do corpo que pode destruir toda a carreira humana.
Pode levar o homem ao inferno, sendo ela mesma destruída nesse
lugar de chamas eternas. Quantos relacionamentos estremecidos
por causa da maledicência! Quantas guerras sangrentas provocadas

PARTE 2 — A PRÁTICA DA VIDA CRISTÃ

por palavras insensatas! A língua é mundo de iniquidade. Está cheia de peçonha. É uma espada que fere, um fogo que destrói, um veneno que mata. Mais pessoas têm sido destruídas pelo poder da língua do que por qualquer outra arma. Acautele-se acerca de sua língua. Ponha guarda na sua boca e vigie a porta de seus lábios, pois as palavras proferidas são como setas que, uma vez lançadas, não voltam mais. São como um saco de penas jogadas ao ar do alto de uma montanha. É impossível recolhê-las todas.

2. A LÍNGUA É INDOMÁVEL (Tg 3.7,8). O homem, com a sua inteligência, tem domado os animais do campo, as aves do céu e os peixes do mar. Porém, não consegue domar sua própria língua. Em vez de usá-la com sabedoria, muitas vezes, usa-a para ferir as pessoas. Em vez de abençoar o próximo, açoita-o com o látego das críticas mais desumanas. O apóstolo Paulo diz que devemos falar sempre a verdade. Só proferir o que é oportuno. E só falar aquilo que vai transmitir graça aos que ouvem. O pensador grego Platão dizia que devemos passar o que ouvimos por três peneiras: É verdade o que você está me dizendo? Você já falou para a pessoa envolvida? O fato de você me contar esse caso vai ajudar em sua solução? Caso o depoente não pudesse passar seus comentários pelo crivo dessas três peneiras, Platão lhe dizia: "Eu não quero ouvir o que você tem para me falar".

3. A LÍNGUA É INCOERENTE (Tg 3.9-12). Tiago diz que a língua é incoerente, pois da mesma língua saem louvores a Deus e críticas ferinas ao próximo, que foi criado à imagem de Deus. A mesma língua que canta louvores a Deus também fala blasfêmias contra Deus e lança maldição sobre o próximo. Tiago argumenta que, assim como uma fonte de água doce não produz água salobra, assim, também, da nossa língua não é conveniente que saiam bênção e maldição. Assim como uma figueira não produz azeitonas nem uma videira, figos, assim também da nossa boca não deveriam sair palavras tão incoerentes. Assim como uma fonte de

água salgada não pode dar água doce, também uma língua cheia de veneno não pode produzir o que produz vida. Oh, quão corrupto é o nosso coração! A língua é incoerente porque ela revela o coração. A boca fala daquilo que está cheio o coração. Só nos cabe rogar a Deus misericórdia e refrear a nossa língua. Tiago diz que, se alguém supõe ser religioso, deixando de refrear a língua, antes, enganando o próprio coração, a sua religião é vã.

Perdão, a assepsia da alma

... Assim como o Senhor vos perdoou, assim
também perdoai vós (Cl 3.13).

O PERDÃO É UMA DECISÃO DIFÍCIL DE TOMAR. TALVEZ, A MAIS DESAFIADORA DA VIDA. ENTRETANTO, A MAIS NECESSÁRIA. Perdoar é recusar manter os registros negativos do próximo. É apagar da memória os agravos recebidos. É zerar a conta do devedor, mesmo quando o saldo negativo é assaz vultoso. É atenuar a culpa do desafeto e depois apagá-la. Por isso, o perdão é um ato de misericórdia, e não uma reivindicação de justiça. É tratar o próximo como Deus nos trata. É perdoar como Deus nos perdoa.

A ausência de perdão torna a vida um flagelo e coloca a alma num cárcere. Guardar mágoa é cobrir a mente de fuligem e o coração de insuportável amargor. Sendo assim, perdoar é uma necessidade de sobrevivência. Por não sermos perfeitos nem convivermos com pessoas perfeitas, teremos queixas uns dos outros. As pessoas nos decepcionam e nós decepcionamos as pessoas. Elas nos ferem e nós as ferimos. Elas nos magoam e nós as magoamos. Onde falta perdão, portanto, o ambiente torna-se pesado, os sentimentos ficam esgarçados, e a alma, adoecida. Quem não perdoa fecha a porta da graça com suas próprias mãos, pois quem não perdoa não pode ser perdoado. Quem não perdoa interrompe sua comunhão com Deus, a fonte da vida, pois a mágoa interrompe as orações e cerra sobre nossa cabeça as janelas do céu. A ausência de perdão nos priva do maior dos privilégios, adorar a Deus. A falta de perdão adoece o corpo, atormenta a mente e desassossega a alma.

Perdoar não é uma opção, mas um imperativo. Não é uma escolha, mas um dever. Mas até quando perdoar? Até sete vezes? Não, até setenta vezes sete! O perdão é ilimitado. Onde há arrependimento, aí o perdão deve se estabelecer. Onde há quebrantamento, aí o perdão oferece cura. Onde há choro, aí o perdão traz alegria. O perdão é o remédio para as feridas da alma, o bálsamo para os traumas da vida, a assepsia para a infecção generalizada da mágoa.

O perdão não é natural. É uma expressão da graça. A não ser que o próprio Deus nos capacite, reteremos a mágoa e não liberaremos o perdão. A não ser que o óleo terapêutico do Espírito umedeça o nosso coração, ele se tornará cada vez mais duro e insensível. A não ser que Deus aumente nossa fé, crescerá ainda mais dentro de nós a erva daninha do ressentimento, e nossa vida se tornará um campo de urtigas e espinheiros.

A mágoa não é apenas o resultado inglório da insensatez do próximo contra nós, mas nossa reação negativa e perversa diante do que nos foi feito. Quando alimentamos ranço no coração, tornamo-nos iguais àqueles que nos feriram. Pagamos a eles com a mesma moeda. Em vez de vencermos o mal com o bem, somos duplamente derrotados pelo mal. A mágoa é assaz perigosa, pois em vez de estancarmos a hemorragia provocada pelas feridas que nos foram feitas, abrimos novas feridas em nós e nos outros. Em vez de construirmos pontes de reconciliação, cavamos mais abismos de separação. Em vez de imitarmos a Jesus, que perdoou seus algozes, calçamos as sandálias do próprio acusador e desferimos contra o próximo golpes ainda mais violentos.

O perdão é o caminho da cura e o remédio eficaz para uma alma ferida pelo ódio. O perdão é maior do que o ódio. O perdão suplanta o ódio. O perdão triunfa sobre o ódio. O perdão tira a alma

PARTE 2 — A PRÁTICA DA VIDA CRISTÃ

do calabouço da mágoa. Arranca o coração da prisão insalubre do ressentimento e promove a liberdade de amar quem não merece ser amado. O perdão nos torna parecidos com Deus, a fonte do amor e o exemplo superlativo da compaixão. O perdão nos coloca num relacionamento certo com Deus, com o próximo e conosco mesmos. O perdão é a assepsia da alma, a cura da mente, a alforria do coração!

Preguiça, alergia ao trabalho

> Diz o preguiçoso: Um leão está no caminho;
> um leão está nas ruas (Pv 26.13).

O PREGUIÇOSO TEM ALERGIA AO TRABALHO. SENTE URTICÁRIA SÓ EM PENSAR QUE PRECISA SAIR DE SEU COMODISMO. A preguiça é indolência crônica e irresponsabilidade consumada. A preguiça desemboca em pobreza e penúria. Três fatos serão aqui destacados:

1. AS DESCULPAS DO PREGUIÇOSO (Pv 26.13). *Diz o preguiçoso:* [...] *um leão está nas ruas.* O preguiçoso é um especialista em arranjar desculpas. Emprega toda a sua energia e todo o seu esforço mental para criar mecanismos de defesa, para inventar razões para não trabalhar. O preguiçoso vê o que não existe, aumenta o que existe e foge daquilo que deveria procurar. O provérbio em apreço mostra até que ponto o preguiçoso é capaz de chegar nas suas desculpas. O leão é um animal selvagem que vive em algumas savanas, longe de lugares habitados. O leão não perambula pelas ruas. Não transita entre os homens. Não vive à solta nas ruas. Mas, como o preguiçoso precisa encontrar uma justificativa para sua inércia, inventa essa descabida desculpa. Se o preguiçoso usasse tal ginástica mental para trabalhar, poderia ser um indivíduo próspero. Mas ele prefere ficar confortavelmente em seu leito, virando de um lado para o outro, descansando. Ele cansa de descansar;

PARTE 2 – A PRÁTICA DA VIDA CRISTÃ

então, descansa até cansar. O preguiçoso viu ameaça onde não havia, mas o verdadeiro leão que viu nas ruas é sua pobreza que chegará, e desse leão ele não escapará.

2. A CAMA DO PREGUIÇOSO (Pv 26.14). *Como a porta se revolve nos seus gonzos, assim, o preguiçoso, no seu leito.* A cama do preguiçoso é o seu quartel-general. É dessa trincheira que ele inventa todas as suas estratégias para não trabalhar. O preguiçoso se revolve no seu leito como uma porta se revolve nos seus gonzos. Ela abre e fecha o tempo todo, mas fica estacionada no mesmo lugar. Assim é o preguiçoso. Ele se mexe na cama. Vira de um lado para o outro. Mas não se levanta para agir. Ele não pula do leito para trabalhar. Seu descanso parece não ter fim. Seu sono parece nunca acabar. Está sempre cansado. Sempre precisando de mais descanso. O trabalho é para ele um perigo e uma ameaça. O leito do preguiçoso é sua câmara de segurança. O seu quarto é seu castelo seguro. O sono é para ele mais doce do que o mel. Aprecia mais o conforto do seu quarto do que as maiores conquistas do trabalho. Sua recompensa é descansar um pouco mais até que a pobreza bata à sua porta como um leão faminto.

3. O ENGANO DO PREGUIÇOSO (Pv 26.16). *Mais sábio é o preguiçoso a seus próprios olhos do que sete homens que sabem responder bem.* O preguiçoso não tem apenas as mãos frouxas para o trabalho, mas também a mente ágil para a soberba. Ele se julga mais inteligente que o maior dos gênios. Acredita que sua filosofia de vida, rendida à preguiça crônica, está acima de todas as outras. Arrogantemente estadeia sua sabedoria e aplaude a si mesmo, julgando-se melhor do que os outros. Entoa, com o peito estufado, o cântico "Quão grande és tu" diante do espelho. Acredita que é mais sábio do que sete homens que sabem responder bem. O preguiçoso tem uma visão distorcida não só do trabalho, mas também de si mesmo. Vê o trabalho como ameaça e a si mesmo como sábio. Tem uma visão exagerada a seu próprio respeito, a ponto de

achar-se melhor do que os maiores sábios. A preguiça tirou-lhe o bom senso, embaçou seus olhos, entorpeceu sua mente e afrouxou seus braços. O preguiçoso é um indivíduo não apenas tolo, mas também autoenganado. Pensa ser quem não é. Literalmente, ele dorme o sono da morte. Sua máscara só cairá no dia da calamidade. Então perceberá, tarde demais, que suas desculpas foram esfarrapadas, sua sabedoria não passava de consumada tolice e seu sono confortável o empurrou para o abismo da calamidade irremediável.

Faça o bem, mas faça agora!

*Não digas ao teu próximo: Vai e volta amanhã;
então, to darei, se o tens agora contigo* (Pv 3.28).

A BÍBLIA DIZ QUE JESUS DE NAZARÉ ANDOU POR TODA PARTE FAZENDO O BEM (AT 10.38). E COMO SEUS SEGUIDORES, NÃO podemos agir doutra forma. Eis o que nos ordenam as Escrituras: *Não digas ao teu próximo: Vai e volta amanhã; então, to darei, se o tens agora contigo* (Pv 3.28). Estender a mão ao necessitado, socorrer o aflito em suas angústias e dar pão ao que tem fome são atitudes que agradam o coração de Deus. Só os "homens pedra" passam de largo diante da necessidade do próximo, virando o rosto para não ver e fechando o coração para não sentir. Somos imitadores de Cristo quando fazemos o bem. Deus é honrado quando praticamos boas obras. Evidenciamos a salvação pela graça quando os homens veem as nossas boas obras e glorificam a nosso Pai que está nos céus.

Mas, quando fazer o bem? Este é o ponto em destaque no texto acima. O bem não pode ser postergado. O socorro ao necessitado não pode ser deixado para amanhã. Enganar com promessas vazias o necessitado que bate à nossa porta, ou adiar seu atendimento, tendo nós o poder de socorrê-lo imediatamente, é uma atitude indigna de um cristão, desprovida de qualquer compaixão. Devemos ter pressa em ajudar o próximo. Devemos ter presteza em

MENSAGENS SELECIONADAS PARA A VIDA

estender a mão aos necessitados. Devemos ter mais alegria em dar do que em receber. Devemos ter mais prazer em ser um canal da bênção de Deus do que um receptáculo dela. Não fomos salvos para reter as bênçãos apenas para nós mesmos, como se fôssemos um mar Morto, que só recebe as águas e não as distribui. Devemos ser como o mar da Galileia, um canal por onde as águas chegam e saem, levando vida e esperança por onde passam.

A palavra de Deus nos ensina que devemos fazer o bem primeiramente à nossa própria família. O apóstolo Paulo escreve: *Ora, se alguém não tem cuidado dos seus e especialmente dos da própria casa, tem negado a fé e é pior do que o descrente* (1Tm 5.8). Em seguida, nós devemos fazer o bem a todos, mas especialmente aos domésticos da fé. Ainda o mesmo apóstolo escreve: *Por isso, enquanto tivermos oportunidade, façamos o bem a todos, mas principalmente aos da família da fé* (Gl 6.10). Finalmente, devemos fazer o bem ao nosso próximo, ainda que seja o nosso próprio inimigo. O apóstolo Paulo exorta: ... *se o teu inimigo tiver fome, dá-lhe de comer; se tiver sede, dá-lhe de beber; porque, fazendo isto, amontoarás brasas vivas sobre a sua cabeça. Não te deixes vencer do mal, mas vence o mal com o bem* (Rm 12.20,21). Você tem feito o bem? Tem feito o bem a todos? Tem feito o bem imediatamente? Tem feito o bem até àqueles que o perseguem? Tem feito todo o bem que você pode fazer? Tem feito o bem com motivações puras? Faça o bem, mas faça agora!

PARTE 3

As tensões da vida cristã

Três enganos do pecado

Porque o pecado, prevalecendo-se do mandamento, pelo mesmo mandamento, me enganou e me matou (Rm 7.11).

O PECADO É O PIOR DOS MALES, POIS NOS PRIVA DO MAIOR BEM. SE DEUS É A FONTE DA VIDA, E ELE É; SE NA PRESENÇA DE Deus há plenitude de alegria, e de fato há; se o pecado nos afasta de Deus no tempo e na eternidade, então ele é o pior de todos os males. O pecado é malipníssimo. É um engodo, uma farsa, uma mentira deslavada. Promete mundos e fundos, mas seu salário é a morte. Faz propaganda de vantagens imediatas, mas só oferece desgosto. Promete liberdade e escraviza. Promete vida e mata.

Olhando para a queda do rei Davi, registrada no segundo livro de Samuel, capítulos 11 e 12, vamos destacar três terríveis enganos do pecado:

1. O PECADO CUSTARÁ A VOCÊ UM PREÇO MAIS ALTO DO QUE GOSTARIA DE PAGAR. O adultério de Davi com Bate-Seba proporcionou a ele momentos de prazer e uma vida de desgosto. Davi viu sua família se desintegrando diante de seus olhos. Seu primogênito, Amnon, desonrou sua irmã Tamar. Absalão, irmão de Tamar, tramou o assassinato de Amnon e o executou num dia de festa familiar. Davi perseguiu Absalão e este conspirou contra seu pai; nessa batalha inglória, Absalão foi assassinado por Joabe, comandante de Davi. Este chorou amargamente a morte do filho.

MENSAGENS SELECIONADAS PARA A VIDA

O pecado custou-lhe um preço Altíssimo. O pecado é uma isca de morte, uma armadilha que leva à escravidão.

2. O PECADO LEVARÁ VOCÊ MAIS LONGE DO QUE GOSTARIA DE IR. Davi jamais imaginou que aquele adultério com Bate-Seba, no recesso do seu quarto imperial, pudesse ter desdobramentos tão abrangentes e tão profundos em sua vida, em sua família e em seu reinado. O pecado é um mal incontido. É um veneno que polui o ambiente e torna a vida insuportável. Inocentes foram mortos. Batalhas desnecessárias foram travadas com perdas de milhares de pessoas. O pecado é sempre assim, um fiapo tênue torna-se uma grossa corrente. Um desejo lascivo torna-se uma paixão avassaladora. Um flerte ingênuo torna-se um adultério vergonhoso. Uma noite de volúpia e prazer torna-se um tormento para a vida. O pecado sempre levará seus protagonistas mais longe do que gostariam de ir. Sempre os conduzirá a derrotas mais amargas do que planejaram sofrer.

3. O PECADO RETERÁ VOCÊ MAIS TEMPO DO QUE GOSTARIA DE FICAR. Quando Davi ficou no seu leito imperial em vez de acompanhar seus soldados à guerra, jamais imaginou que seu leito pudesse ser o primeiro degrau de sua queda. Quando viu Bate-Seba se banhando, jamais imaginou que seria a isca para seus olhos lascivos caírem numa perigosa armadilha. Quando mandou emissários verificar quem era, jamais pensou que apunhalaria pelas costas Urias, marido de Bate-Seba e seu soldado fiel. Quando mandou trazê-la à câmara real, jamais imaginou que aquele momento íntimo de prazer seria contado ao mundo dos eirados da história. Quando Bate-Seba ficou grávida, ele jamais pensou que chegaria ao ponto de mandar assassinar o marido dela com requinte de crueldade. Quando tramou todos esses crimes, jamais pensou que seriam descobertos e contados ao mundo. Quando viu sua casa desabando diante dos seus olhos, jamais pensou que ficaria preso tanto tempo por essas grossas correntes.

PARTE 3 – AS TENSÕES DA VIDA CRISTÃ

Davi arrependeu-se de seu pecado e Deus o perdoou, mas as cicatrizes ficaram. As consequências de seu pecado não foram apagadas. O preço foi alto demais. Custou-lhe a paz, a família e a honra. Assim é o pecado. Atraente aos nossos olhos, horrendo aos olhos de Deus. Embrulhado com cores agradáveis, mas seu conteúdo traz-nos dor, vergonha e pesar. Acautele-se, pois o pecado custará a você um preço mais alto do que gostaria de pagar, levará você mais longe do que gostaria de ir e reterá você mais tempo do que gostaria de ficar!

Como vencer a mágoa

Não me chameis Noemi; chamai-me Mara, porque
grande amargura me tem dado o Todo-poderoso (Rt 1.20).

A MÁGOA É UM SENTIMENTO AVASSALADOR. MUITAS PESSOAS SÃO DESTRUÍDAS PELA MÁGOA E VIVEM SOTERRADAS DEBAIXO dos escombros de seus ressentimentos. Há indivíduos que perdem a alegria de viver e ruminam a amargura no coração. Elimeleque, Noemi, Malom e Quiliom enfrentaram duras circunstâncias em Belém, a casa do pão (Rt 1.1-22). Faltou pão na casa do pão. Aquela família, para fugir da crise econômica, mudou-se para Moabe. Ao buscar sobrevivência e segurança em Moabe, encontrou a carranca da morte.

Em Moabe, Noemi perdeu o marido e seus dois filhos (Rt 1.3-5). Agora, estava velha, viúva, pobre e sozinha em terra estrangeira. As circunstâncias pareciam conspirar contra ela. Seu coração encheu-se de mágoa. Logo que Deus mudou a sorte de Belém, Noemi resolveu voltar para a sua terra. Nessa volta, ela expressou sua mágoa; mas, também nessa volta, Deus a restaurou da mágoa e lhe abriu a porta da esperança. Como vencer a mágoa?

1. OLHE PARA O ALTO E SAIBA QUE DEUS ESTÁ NO CONTROLE DA SITUAÇÃO. Noemi lançou a culpa de suas perdas sobre Deus. Ela disse que Deus havia descarregado sobre ela a sua mão (Rt 1.13). Ela afirmou que o Todo-poderoso lhe dera grande

PARTE 3 — AS TENSÕES DA VIDA CRISTÃ

amargura (Rt 1.20). Disse que partira ditosa de Belém, mas o Senhor a fizera voltar pobre (Rt 1.21a). Ela acusou Deus de ter se manifestado contra ela e tê-la afligido (Rt 1.21b).

Noemi olhou para Deus como o responsável por sua dor. Ela entendeu que ele era o protagonista e causador de todo o seu sofrimento. Na sua leitura, Deus estava contra ela, não a seu favor. A sua mágoa mais profunda não era por causa de suas perdas, mas porque Deus estava pesando a mão sobre ela. Noemi olhou para a vida pelo lado avesso. Ela não discerniu o propósito soberano de Deus que se desenrolava na sua vida e por meio da sua vida. Deus estava escrevendo um dos capítulos mais emocionantes da história da humanidade por intermédio daquela pobre viúva, a fim de que ela fosse avó do grande rei Davi, tronco de onde nasceria o Messias, o Salvador do mundo.

2. OLHE AO SEU REDOR E SAIBA QUE HÁ PESSOAS QUE AMAM VOCÊ VERDADEIRAMENTE. Quando Noemi, já velha, viúva, pobre e sozinha, voltava para Belém, sua nora Rute, viúva de Malom, demonstrou-lhe um acendrado amor. As palavras eloquentes de Rute a Noemi são relembradas com grande emoção ainda hoje nas cerimônias de casamento: ... *aonde quer que fores, irei eu e, onde quer que pousares, ali pousarei eu; o teu povo é o meu povo, o teu Deus é o meu Deus. Onde quer que morreres, morrerei eu e aí serei sepultada; faça-me o Senhor o que bem lhe aprouver, se outra coisa que não seja a morte me separar de ti* (Rt 1.16,17).

Quando estamos amargurados, deixamos de perceber a beleza e a profundidade do amor que as pessoas nos dedicam. A vida nunca é um deserto quando somos consolados pelo bálsamo do amor. A amargura e o amor não podem coexistir. O amor transforma o vazio da solidão na plenitude da alegria.

3. OLHE PARA A FRENTE E SAIBA QUE DEUS PODE TRANSFORMAR SUAS TRAGÉDIAS EM TRIUNFO. Noemi pensou que o seu destino era sofrer. Ao chegar de volta em Belém, resolveu trocar de

nome (Rt 1.20). Noemi significa "ditosa, feliz". Ela pediu para ser chamada de Mara, "amargura". Queria levantar um monumento definitivo para celebrar a sua dor. Estava olhando pela lente do retrovisor, só relembrando suas perdas e desventuras. Mas Deus transformou suas tragédias em triunfo. Rute casou-se com Boaz, um parente rico e remidor (Rt 4.9,10). Desse casamento nasceu Obede, pai de Jessé, pai de Davi (Rt 4.17). Rute fez parte da árvore genealógica de Jesus, o Messias (Mt 1.5). Deus enxugou as lágrimas de Noemi, restaurou sua sorte e colocou em seus lábios um cântico de vitória. As mulheres de Belém disseram a Noemi: *Seja o Senhor bendito, que não deixou, hoje, de te dar um neto que será teu resgatador, e seja afamado em Israel o nome deste. Ele será restaurador da tua vida e consolador da tua velhice, pois tua nora, que te ama, o deu à luz, e ela te é melhor do que sete filhos* (Rt 4.14,15).

Cuidado com o flerte

O que acena com os olhos traz desgosto, e o
insensato de lábios vem a arruinar-se (Pv 10.10).

A VIDA É COMO UMA VIAGEM NUMA ESTRADA CHEIA DE PLACAS, PLACAS DE ADVERTÊNCIA. SE OBSERVARMOS AS PLACAS, EVI-taremos acidentes e chegaremos seguros ao nosso destino proposto. Se, todavia, prosseguirmos, colocando o pé no acelerador, sem observar os solenes avisos ao longo do caminho, sofreremos danos irreparáveis e provocaremos acidentes gravíssimos. Uma dessas placas ao longo da estrada é: cuidado com o olhar impuro, cuidado com o flerte! A palavra de Deus adverte-nos solenemente a esse respeito quando diz: *O que acena com os olhos traz desgosto, e o insensato de lábios vem a arruinar-se* (Pv 10.10). Olhos e boca precisam ser santificados se quisermos fazer uma viagem segura rumo à glória.

O homem pode tropeçar e cair tanto pelo que vê como pelo que fala. O texto está falando de um olhar lascivo e focando o flerte malicioso. O passo seguinte é que a boca fala do que está cheio o coração. Esse aceno com os olhos é um laço, e aqueles que estendem essa armadilha caem nela, como presas indefesas. O resultado é o desgosto, a decepção e o sofrimento. O olhar lascivo é resultado de um coração impuro, de um desejo proibido, de uma paixão carnal. Aqueles que vivem assim, por onde andam, armam esquemas de morte. Seus olhos, como laços do inferno, navegam insaciáveis, buscando uma presa; e quando a encontram, capturam-na e a destroem. Assim, muitos jovens arruínam sua vida entregando-se à dissolução. Desta forma, muitos cônjuges traem seu consorte, cometendo adultério. Seguindo essa mesma trilha, a comunicação midiática espalha redes gigantescas, que atraem multidões para a escravidão da impureza, detonando com a família e arruinando os valores que deveriam governar a sociedade.

O pecado não compensa. É uma fraude medonha. Promete mundos e fundos, prazeres e aventuras, delícias e mais delícias, mas nesse pacote tão atraente vêm a dor, as lágrimas e a morte. Muitos casamentos foram desfeitos a partir de um aceno com os olhos. Muitas vidas foram arruinadas emocionalmente porque corresponderam a esse aceno com os olhos. O patriarca Jó disse: *Fiz aliança com meus olhos; como, pois, os fixaria eu numa donzela?* (Jó 31.1). Entrar por esse caminho escorregadio é cair no pecado da defraudação, e defraudar alguém é despertar na outra pessoa o que não se pode satisfazer licitamente. O segredo da felicidade não é a mente impura, os olhos maliciosos e os lábios insensatos. A felicidade é irmã gêmea da santidade. A bem-aventurança não está nos banquetes do pecado, mas na presença de Deus. É na presença de Deus que há alegria perene e delícias perpetuamente. Cuidado com os seus olhos. Ponha guarda na porta dos seus lábios!

Cuidado com o vinho, ele pode arruinar sua vida

Não olhes para o vinho, quando se mostra vermelho, quando resplandece no copo e se escoa suavemente. Pois ao cabo morderá como a cobra e picará como o basilisco (Pv 23.31,32).

A PALAVRA DE DEUS FAZ SOLENES ADVERTÊNCIAS SOBRE O PERIGO DA EMBRIAGUEZ. SENDO O ÁLCOOL UM DOS MAIORES problemas da família brasileira, cumpre-nos entender o que a Bíblia diz sobre o assunto. Destacaremos, aqui, quatro pontos:

1. QUANDO O VINHO É UMA AMEAÇA (Pv 23.29,30). A bebida alcoólica tem sido o maior ladrão de cérebros do mundo. Está por trás da maioria dos crimes passionais e dos acidentes automotivos. Os cemitérios estão cheios de suas vítimas, e as cadeias, lotadas de seus protagonistas. Aqueles que se entregam à bebedeira vão se render aos lamentos. Serão provocadores de rixas e intrigas. Passarão a vida bebendo e se queixando dos males que eles mesmos provocaram. Aquele que se demora em beber vinho e busca bebida misturada labora contra si mesmo, cava sua própria cova e pavimenta o caminho de sua própria destruição. O alcoolista não apenas atenta contra a própria vida, mas também transtorna sua

família. Torna-se motivo de opróbrio para o cônjuge e vergonha para os filhos.

2. Quando a sedução do vinho é um laço (Pv 23.31,32). O vinho é uma bebida apreciada no mundo inteiro desde os tempos mais remotos. Jesus transformou água em vinho numa festa de casamento, inaugurando os seus milagres. Era símbolo da alegria e um importante alimento. Era usado como remédio e não faltava à mesa das pessoas ricas ou pobres. O vinho, porém, tem seus perigos e ameaças. Tem um forte poder de sedução. Tem cheiro e sabor. Resplandece no copo e escoa suavemente. Aqueles que desprezam seu poder de sedução e domínio e perdem a sobriedade são picados por uma víbora venenosa. A cobra é um animal sutil. Não rosna como um cão bravo nem urra como um leão esfaimado. A cobra espreita. Arma o bote e ataca repentina e implacavelmente. Seu bote é certeiro. Sua mordida é venenosa. Sua picada é mortal. Ninguém se inicia na bebida como um ébrio. Alguns, porém, flertam com a bebida e ficam presos em seus laços. Em vez de ter domínio próprio, são dominados pelo vinho. Tornam-se dependentes e adictos. Não conseguem beber com equilíbrio. Não sabem beber com moderação. São escravos da bebida. São dominados pela sedução do álcool. O resultado dessa escravidão é dor, sofrimento e morte. A mordida dessa cobra e a picada desse basilisco podem ser fatais. Fuja do álcool enquanto é tempo!

3. Quando os efeitos do vinho são desastrosos (Pv 23.33). O vinho em excesso provoca alucinação. O álcool tem o poder de tirar a sobriedade. A embriaguez rouba o cérebro do homem, embaralha sua visão, entorpece seu entendimento e diminui seus reflexos. Um homem bêbado vê coisas esquisitas e fala coisas perversas. Seus olhos e sua boca são arrebatados pela loucura. Seus sentidos são alterados. Dentre os muitos efeitos do álcool, o texto em apreço destaca dois. O primeiro deles é que uma pessoa bêbada não consegue ver as coisas como elas são. Sua avaliação da realidade é completamente alterada. Sua percepção das coisas é embotada. Seu discernimento fica manco. Seus reflexos ficam lentos. Sua análise dos fatos fica completamente deficiente. O segundo efeito do álcool é que o coração do ébrio fala coisas perversas. Uma pessoa bêbada desanda a boca para falar impropérios e blasfêmias. O álcool não é prejudicial apenas à saúde; é letal ao bom nome, é nocivo à honra, é desastroso à família e à sociedade.

4. QUANDO O BEBEDOR DE VINHO CHEGA AO FUNDO DO POÇO (Pv 23.34,35). O beberrão começa sua triste jornada olhando para o copo, sendo atraído pelo brilho do vinho e pela sedução de seu cheiro, e termina sua inglória caminhada sendo jogado de um lado para o outro, ao sabor das ondas revoltas do mar da vida. Deitar-se no meio do mar é viver como um náufrago, sem chão, sem terra para pisar, sem casa para voltar. Deitar-se no alto do mastro fala de uma solidão avassaladora, de um isolamento cruel, de um banimento amargo. Quando esse homem se levanta da tormenta e da solidão, seu corpo está cheio de hematomas e feridas. Foi espancado, mas nem sabe quem o agrediu. Ele se tornou saco de pancada. Cair de porta em porta, perambular de boteco em boteco, chegar em casa com cheiro de álcool, ferido no corpo e na alma, nem lhe provoca mais dor. Foi surrado e voltará a ser, porque já perdeu o pudor e a sensibilidade. Quando despertar do torpor do álcool, sabe o que ele fará? Voltará a beber! É um adicto. É um dependente! É um escravo do vício! Foi picado pela cobra venenosa do álcool. A não ser que seja liberto pela força divina, não conseguirá sair por si mesmo dessa masmorra cruel. Cuidado com o vinho!

Cuidado com os bens materiais mal adquiridos

Acharemos toda sorte de bens preciosos; encheremos de despojos a nossa casa; lança a tua sorte entre nós; teremos todos uma só bolsa (Pv 1.13,14).

SALOMÃO FOI UM HOMEM RICO, MUITO RICO. CONHECIA COMO POUCOS OS PERIGOS QUE AMEAÇAM AQUELES QUE QUEREM ficar ricos a qualquer custo. Sabia que a formação de quadrilha para maquinar o mal, com o propósito de ajuntar bens mal adquiridos, é um esquema sedutor. Por isso escreveu: *Filho meu, se os pecadores querem seduzir-te, não o consintas. Se disserem: Vem conosco, embosquemo-nos para derramar sangue, espreitemos, ainda que sem motivo, os inocentes; traguemo-los vivos, como o abismo, e inteiros, como os que descem à cova; acharemos toda sorte de bens preciosos; encheremos de despojos a nossa casa; lança a tua sorte entre nós; teremos todos uma só bolsa* (Pv 1.10-14). O dinheiro adquirido com violência é uma maldição. A riqueza que vem como resultado do roubo e do derramamento de sangue torna-se o combustível para destruir os próprios transgressores. Não é pecado ser rico; pecado é amar o dinheiro. Não é pecado ter dinheiro; o problema é o dinheiro nos ter. Não é pecado carregar o dinheiro no bolso; o problema é carregar o dinheiro no coração. Muitas pessoas, por

PARTE 3 — AS TENSÕES DA VIDA CRISTÃ

amor ao dinheiro, mentem, roubam, sequestram e matam. Outras, por amor ao dinheiro, casam-se e se divorciam, corrompem e são corrompidas, torcem a lei e pervertem o direito. A motivação para a violência é o desejo de acumular bens. O brilho da riqueza tem fascinado multidões, transformando homens em feras, jovens em monstros, pessoas de bem em ladrões incorrigíveis. A ganância insaciável é o útero onde são gestados crimes hediondos. Desde o narcotráfico até o assalto aos cofres públicos, tais delinquências são inspiradas pelo desejo insaciável de pilhar o próximo e acumular o bem alheio. Os bens roubados não são preciosos nem a casa pode ser verdadeiramente cheia de despojos oriundos do crime. Essa riqueza produz tormento. Essa fortuna desemboca em vergonha, opróbrio e prejuízos irremediáveis. Esse pacote tem cheiro de enxofre e o seu fim é a morte.

Salomão é enfático quando exorta: Cuidado com as suas alianças! O segredo de uma vida feliz é apartar-se daqueles que deliberadamente andam no caminho da perversidade. Esses agentes da ilegalidade, protagonistas do crime, feitores de males, são proselitistas perigosos, que lançam sua rede sedutora para arrastar pessoas incautas para seu cartel do crime. Nesse projeto de engrossar suas fileiras, buscam alianças e fazem promessas. Querem parceiros e garantem vantagens. Chamam para a aventura e dizem que esse caminho é lucrativo. A bolsa coletiva onde se acumula o dinheiro da iniquidade, entretanto, é maldita. Os valores que entram nela vêm do roubo, da opressão, da violência e do derramamento de sangue. Esses recursos se tornam o próprio combustível para a destruição dos malfeitores. Essa riqueza entorpece a mente, calcifica o coração, encegece os olhos e coloca tampão nos ouvidos. Faz do homem um monstro celerado, uma fera sedenta de sangue, um lobo selvagem. Ser sábio é não dialogar com esses arautos do crime. Ser prudente é não se aproximar daqueles que vivem na marginalidade. Ser feliz é fugir não apenas do mal, mas até mesmo da aparência do mal. A felicidade não habita nas tendas da perversidade, mas está presente na casa daqueles que vivem em retidão e justiça. Não faça alianças com homens perversos; junte-se a pessoas que podem ajudá-lo a viver mais perto de Deus.

Nessa mesma linha de pensamento, o apóstolo Paulo exorta: *Ora, os que querem ficar ricos caem em tentação, e cilada, e em muitas concupiscências insensatas e perniciosas, as quais afogam os homens na ruína e perdição. Porque o amor do dinheiro é raiz de todos os males; e alguns, nessa cobiça, se desviaram da fé e a si mesmos se atormentaram com muitas dores* (1Tm 6.9,10). A exortação é oportuna: Cuidado com os bens mal adquiridos!

Como lidar vitoriosamente com as críticas

Ouvindo-o Eliabe, seu irmão mais velho, falar àqueles homens, acendeu-se-lhe a ira contra Davi, e disse: Por que desceste aqui? E a quem deixaste aquelas poucas ovelhas no deserto? Bem conheço a tua presunção e a tua maldade; desceste apenas para ver a peleja (1Sm 17.28).

As críticas podem ser uma cova para nossos pés ou um livramento para a nossa alma. Se temos consciência de quem somos em Cristo, não podemos depender dos elogios nem nos desencorajar com as críticas. É impossível viver vitoriosamente sem lidar com críticas. Os críticos estão espalhados por todos os lados e não nos pouparão. Davi teve que lidar com alguns críticos, como o gigante Golias e o rei Saul. Mas o crítico mais amargo de Davi foi Eliabe, seu irmão mais velho. O texto de 1Samuel 17.28-30 mostra com cores vivas essa triste realidade. A crítica sempre dói, mas há momentos em que ela dói mais.

1. A crítica dói mais quando vem daqueles que deveriam estar do nosso lado e estão contra nós. Eliabe era irmão de Davi, mas estava contra ele. Devia estar do lado de Davi, mas tornou-se seu adversário mais ferrenho. Às vezes, as lutas

mais amargas que travamos são aquelas que enfrentamos com as pessoas da nossa própria casa ou igreja.

2. A CRÍTICA DÓI MAIS QUANDO VEM DAQUELES QUE NOS CONHECEM HÁ MUITO TEMPO. Eliabe era o irmão mais velho de Davi, e este era o caçula de oito irmãos. Logo, Eliabe viu Davi nascer e crescer. Conhecia o seu caráter e destemida coragem. Mesmo assim, porém, Eliabe se colocou contra Davi, pois a coragem do irmão denunciava sua covardia.

3. A CRÍTICA DÓI MAIS QUANDO VEM ENVELOPADA EM DESTEMPERO EMOCIONAL. Eliabe irou-se contra Davi porque este se dispôs a enfrentar o gigante Golias, de quem Eliabe e os demais soldados estavam fugindo há quarenta dias com as pernas bambas de medo. Eliabe ficou irado porque teve medo de que Davi fosse mais honrado do que ele. Eliabe viu seu irmão não como um parceiro, mas como um rival.

4. A CRÍTICA DÓI MAIS QUANDO É CONTÍNUA, SEM DESCANSO NEM PAUSA. Diante da chuvarada de críticas de Eliabe, Davi perguntou-lhe: *Que fiz eu agora? Fiz somente uma pergunta.* Davi estava dizendo com isso que Eliabe era um crítico contumaz. Fazia parte do seu perfil ser um homem duro com os outros e complacente consigo mesmo. Parecia até que o "ministério" de Eliabe era o ministério da crítica. Em vez de enfrentar o gigante, Eliabe tentou desmoralizar Davi, e isso porque este se dispôs a enfrentá-lo.

5. A CRÍTICA DÓI MAIS QUANDO O CRÍTICO JULGA ATÉ NOSSAS INTENÇÕES. Eliabe fez um juízo de valor quando disse a Davi que conhecia sua presunção e maldade, pois estava ali apenas para ver a peleja. Nada mais injusto e inverídico! Davi estava sendo muito humilde em estar naquele acampamento de guerra, uma vez que o profeta Samuel já o tinha ungido como o futuro rei de Israel, em lugar de Saul. Mesmo assim, aceitou uma ordem de seu pai para tomar o humilde posto de um *"office boy"* e levar um lanche para os seus irmãos no *front* de batalha. Os críticos têm a audácia de

PARTE 3 — AS TENSÕES DA VIDA CRISTÃ

transformar nossas virtudes em defeitos e seus juízos temerários em afirmações categóricas.

6. A CRÍTICA DÓI MAIS QUANDO O CRÍTICO VISA NOS HUMILHAR EM PÚBLICO. Eliabe deu sua última cartada e tentou humilhar Davi diante dos soldados de Saul, perguntando-lhe: ... *a quem deixaste aquelas poucas ovelhas no deserto?* Eliabe estava dizendo a Davi que ele deveria se recolher à sua insignificância, pois não passava de um simples pastor e jamais poderia ocupar o posto de um destemido soldado de Israel. Davi não perdeu a paz nem o foco com as críticas injustas de Eliabe, antes, fugiu dele. A melhor maneira de lidar com os seus críticos é fugir deles. Se você der ouvidos aos críticos, perderá seu sono, sua paz e seu foco. Deus chamou você para fugir dos críticos e vencer os gigantes!

Para onde olhar na hora da crise

*No ano da morte do rei Uzias, eu vi o Senhor
assentado sobre um alto e sublime trono, e as
abas de suas vestes enchiam o templo* (Is 6.1).

A CRISE É UMA REALIDADE INSOFISMÁVEL. ELA NOS ESPREITA POR TODOS OS LADOS. ELA NOS AMEDRONTA COM SUA CAR-ranca. A crise chega repentinamente e nos afeta inevitavelmente. Muitas vezes, não há como administrá-la. Porém, ela é sempre pedagógica. A crise é uma encruzilhada. Pode tornar-se a estrada do triunfo ou a rota do fracasso. A grande questão é: para onde olhar na hora da crise? O profeta Isaías estava vivendo uma crise avassaladora. Sua nação estava de luto. O rei Uzias estava morto. Os ventos contrários da crise sopravam com fúria indômita, trazendo em suas asas instabilidade política, econômica, moral e espiritual. Nesse momento, Isaías teve a mais importante experiência da sua vida. O que aconteceu ao profeta?

1. NA CRISE PRECISAMOS OLHAR PARA CIMA. Isaías entrou no santuário e viu Deus assentado no trono. O rei de Judá estava morto, mas o Rei dos reis estava no trono. Na crise precisamos olhar para cima, para Deus. Ele está no trono. Ele é soberano. Ele é santo. Diante dele, até os serafins cobrem o rosto. As coisas na

PARTE 3 — AS TENSÕES DA VIDA CRISTÃ

terra podem parecer fora de controle, mas Deus continua com as rédeas da história em suas onipotentes mãos. Quando as crises nos encurralam na terra, precisamos olhar para o céu. Quando os tronos da terra ficam vazios, precisamos saber que o nosso Deus está no trono e reina soberano sobre tudo e todos.

2. NA CRISE PRECISAMOS OLHAR AO REDOR. Isaías viu sua nação rendida ao pecado. A violência e a embriaguez haviam tomado conta do povo. As cidades estavam sendo construídas com sangue. Os vícios degradantes corroíam os valores morais do povo, que desavergonhadamente se entregava à imoralidade e a toda sorte de linguagem obscena. Isaías diagnostica o descalabro moral em que a nação havia caído e lamenta com um profundo "ai". Os gemidos do profeta são ainda os nossos lamentos. A realidade à nossa volta não é diferente. Os tempos mudaram, mas o homem não. A modernidade não aperfeiçoou o homem moralmente.

3. NA CRISE PRECISAMOS OLHAR PARA DENTRO. Isaías viu não apenas os pecados dos outros, mas também o seu próprio pecado. Seu pecado era o mesmo da nação, lábios impuros. Até ver o Senhor assentado no trono, Isaías via apenas os pecados da nação. Estava alarmado com a gravidade dos pecados que assolavam o povo ao seu redor. Porém, ao contemplar a santidade de Deus, viu também o seu pecado e soltou da alma um grito alucinante: *Ai de mim! Estou perdido! Porque sou homem de lábios impuros, habito no meio de um povo de impuros lábios...* Tão logo reconheceu o seu pecado, recebeu também o perdão de Deus. A confissão colocou-o na estrada da restauração.

4. NA CRISE PRECISAMOS OLHAR PARA A FRENTE. Depois que Isaías foi purificado por Deus, ouviu sua voz, recebeu seu chamado e colocou-se à disposição para atender ao comissionamento divino. O mesmo Deus santo que está no trono é o Deus que purifica do pecado; o mesmo Deus da restauração também é o autor da comissão. Isaías foi enviado a um povo de dura cerviz. Embora tenha

sido o profeta evangélico do Antigo Testamento, não viu resultados otimistas do seu trabalho. Embora tenha descrito de forma clara o Messias que haveria de vir, sua pregação não foi ouvida pelo povo. Vale ressaltar, entretanto, que o profeta não administra resultados. A mensagem de Deus entregue com fidelidade sempre cumpre sua missão. Ela produz vida naqueles que a atendem e sentencia à morte aqueles que a rejeitam.

Propostas indecentes

*Chamou Faraó a Moisés e a Arão e disse: Ide, oferecei
sacrifícios ao vosso Deus nesta terra* (Êx 8.25).

Quando o povo de Israel estava para sair do Egito, o Faraó fez quatro propostas a Moisés para reter o povo no cativeiro. Essas propostas eram indecentes. Tinham como objetivo enganar o povo e mantê-lo na escravidão. Vamos examiná-las:

1. Não vá, fique (Êx 8.25). A escravidão é um símbolo do pecado, Faraó é um símbolo de Satanás e o Egito é um símbolo do mundo. Faraó propôs a Moisés continuar no Egito e levantar ali mesmo altares a Deus. A princípio, parecia uma proposta simpática e acolhedora. Mas toda vantagem proposta por Satanás tem uma armadilha. Ainda hoje, Satanás usa a mesma estratégia, induzindo as pessoas a pensar que podem adorar a Deus sem sair da escravidão do pecado. Que podem entrar na igreja sem romper com os esquemas do mundo. Que podem colocar uma bela máscara de santidade sem mudar de vida. Que podem se tornar cidadãs do céu sem novo nascimento. O Faraó propõe a religião da forma sem vida, do ritual sem conversão, da aparência sem novo nascimento. Moisés rechaçou peremptoriamente a sedutora proposta de Faraó, e nós devemos, também, rejeitar firmemente as insinuações do diabo. Não basta levantar altares a Deus. Precisamos sair do Egito!

2. Vá, mas não vá longe (Êx 8.28). Faraó agora propõe que o povo vá, mas não tão longe. O Faraó, que até então castigava o povo com duros açoites e com trabalhos forçados, agora se transforma em chefe de relações públicas. Quer relacionamento. Abre as portas de seu império para o povo voltar sempre que sentir saudade. Quer manter os vínculos. Não quer cortar as raízes. A ideia de Faraó é esta: Vá, mas não vá tão longe. Vá, mas volte. Vá, mas não vá definitivamente. Hoje, ainda, essa é uma proposta perigosa. O diabo, além de acusador, é também um sedutor. Depois de afligir seus súditos, tenta atraí-los, mostrando as vantagens do mundo. Oferece-lhes prazeres. Abre-lhes a porta da liberdade. Convida-os a vir e desfrutar do melhor do Egito. A tese de Faraó aqui é que você pode desfrutar o melhor dos dois mundos e viver com o coração dividido. Moisés, porém, rechaça com veemência essa sedutora proposta. Quem foi liberto da escravidão não deve mais retroceder. A vida com Deus exige consagração plena!

3. Vão, mas nem todos (Êx 10.10,11). Faraó propõe a Moisés levar o povo, mas deixar no Egito as crianças e os jovens. Com isso, está insinuando que o lugar para os jovens desfrutarem a vida é no Egito. Que levantar altares a Deus é uma atividade para aqueles que já dobraram o cabo da boa esperança e se aproximam do cabo das tormentas. Faraó quer induzir Moisés a pensar que o culto a Deus não tem atrativos para os jovens e que eles devem ficar no Egito, onde os prazeres são mais vibrantes. Essa mentira de Faraó se traveste de muitas outras sedutoras propostas em nossos dias. Muitos jovens abandonam as fileiras da fé para retroceder aos prazeres transitórios do pecado. Moisés, com firmeza pétrea, resiste à proposta de Faraó e não abre mão das crianças nem dos jovens. A família não pode estar dividida. Velhos, jovens e crianças, todos, devem estar na presença de Deus, a serviço de Deus, pois o lugar para os jovens desfrutarem a vida e encontrarem plenitude de alegria é na presença de Deus.

PARTE 3 – AS TENSÕES DA VIDA CRISTÃ

4. VÁ, MAS DEIXE A GRANA (Êx 10.24,26). Faraó, ao ver esgotadas todas as suas sugestões, tentou sua última cartada. Sugeriu que Moisés fosse embora, mas deixasse para trás o rebanho. Os israelitas serviriam a Deus, mas seus rebanhos ficariam no Egito. A reposta de Moisés é corajosa e emblemática. Ele disse a Faraó que nem uma unha ficaria no Egito (Êx 10.26). Muitos querem adorar a Deus, deixando seus bens no Egito. Querem servir a Deus sem consagrar a ele seus bens. A Escritura é enfática em dizer que não podemos separar o culto que prestamos a Deus dos bens que possuímos, pois onde estiver o nosso tesouro, aí também estará o nosso coração. Cuidado com as propostas de Faraó, elas são indecentes e muito perigosas. Acautelemo-nos!

Quando ter pouco é melhor do que muitos rendimentos

Melhor é o pouco, havendo justiça, do que grandes rendimentos com injustiça (Pv 16.8).

O POVO BRASILEIRO ANDA ESTUPEFATO COM OS ESCÂNDALOS FINANCEIROS QUE BROTAM COMO COGUMELO EM NOSSA nação, desidratando os cofres públicos e deixando anêmica a nossa economia. A nação está sendo saqueada sem piedade por aqueles que pousam de beneméritos do povo. A busca insaciável pelo lucro a qualquer custo tornou-se uma doença crônica e endêmica. É nesse contexto que a palavra de Deus adverte: *Melhor é o pouco, havendo justiça, do que grandes rendimentos com injustiça* (Pv 16.8). A riqueza é uma bênção de Deus se granjeada com honestidade. É Deus quem fortalece nossas mãos para adquirirmos riquezas. A prosperidade que Deus dá não traz em sua bagagem o desgosto. Porém, é um terrível engano negociar princípios absolutos e vender a consciência para granjear fortunas e acumular bens. O dinheiro adquirido com injustiça não traz conforto nem descanso para a alma. Mentir e corromper para obter vantagens financeiras é uma consumada tolice. Roubar e gananciosamente surrupiar o alheio para acumular riquezas é uma consumada loucura. Torcer as leis e atentar contra a vida do próximo para abastecer a ganância insaciável é entrar por um caminho de morte. Melhor é ser um pobre íntegro do que um rico desonesto. O bom nome vale mais do que riquezas. De nada vale morar num palacete e viver inquieto. De nada adianta morar num apartamento de luxo e não ter paz na consciência. É totalmente desprezível ostentar ou esconder uma riqueza cuja origem está encoberta nos porões da corrupção. A felicidade não está nas coisas, mas em Deus. A segurança não está no dinheiro, mas em Cristo. A paz interior não está no dinheiro que você tem, mas na habitação do Espírito Santo em seu coração.

A palavra de Deus, outrossim, alerta-nos para o fato de que *melhor é um bocado seco e tranquilidade do que a casa farta de carnes e contendas* (Pv 17.1). A sociedade valoriza muito a riqueza e o requinte, mas investe muito pouco em relacionamentos. As pessoas conseguem aumentar seus bens, mas não conseguem melhorar sua comunicação. Adquirem bens de consumo, mas não têm prazer em usufruí-los. Fazem banquetes colossais, mas não há alegria para saboreá-los. É melhor comer um pedaço de pão seco, tendo paz de espírito, do que ter um banquete numa casa cheia de brigas e contendas. A felicidade não é resultado da riqueza, mas da paz de espírito. As pessoas mais felizes não são aquelas que têm mais, nem aquelas que participam dos banquetes mais requintados, mas as que celebram o amor, a amizade e o afeto, apesar da pobreza. Precisamos investir mais em pessoas do que em coisas. Precisamos valorizar mais relacionamentos do que conforto. Precisamos dar mais atenção aos sentimentos que nutrimos no coração do que ao alimento que colocamos no estômago. A tranquilidade é um banquete mais saboroso do que a mesa farta de carnes. A paz de espírito não é apenas um componente da festa, mas é a melhor festa. É melhor ter paz no coração do que dinheiro no bolso. É melhor ter tranquilidade na alma do que carnes nobres no estômago.

Fica meridianamente claro que o problema não é ter dinheiro, mas o dinheiro nos ter. O problema não é ter dinheiro no bolso, mas tê-lo entronizado no coração. O problema não é ter dinheiro como servo, mas tê-lo como patrão. A riqueza não é pecado, nem a pobreza, virtude. A raiz de todos os males não é o dinheiro, mas o amor ao dinheiro. A vida de um homem não consiste na abundância de bens que ele possui. Há pobres ricos e ricos pobres. Os que querem ficar ricos caem em grande tentação e cilada e atormentam sua alma com muitos flagelos. Mas o contentamento com a piedade é grande fonte de lucro.

Falta paz no mundo

> *Porquanto se levantará nação contra nação,*
> *reino contra reino, e haverá fomes*
> *e terremotos em vários lugares* (Mt 24.7).

A PAZ ESTÁ AMEAÇADA NO MUNDO. A HISTÓRIA DA HUMANIDADE TEM SIDO CONSIDERADA POR ALGUNS HISTORIADORES COMO A história das guerras. O homem é um ser beligerante. É o lobo do próprio homem. Está em guerra com Deus, com seu semelhante e até consigo mesmo. Há guerras e rumores de guerra entre as nações. Há conflitos e tensões por todos os lados. As armas de destruição que as nações têm em suas mãos são suficientes para transformar nosso planeta em poeira cósmica várias vezes. Numa conflagração mundial hoje não haveria vencedores nem vencidos. O mundo não caminha na direção da paz, mas na direção da guerra. O próprio Jesus, em seu sermão profético, alertou para esse fato: *Porquanto se levantará nação contra nação, reino contra reino...* (Mt 24.7). O conflito entre Israel e os palestinos na região de Gaza, a guerra civil na Síria e a invasão da Rússia à Ucrânia são uma evidência desse fato.

O mundo, na verdade, é como um barril de pólvora. Está à beira de uma explosão. As tensões se agigantam por toda parte, trazendo instabilidade e temor. A aparente paz que reina entre as nações é postiça. Queremos paz, mas nos armamos até aos dentes. Selamos

MENSAGENS SELECIONADAS PARA A VIDA

acordos de paz e erguemos monumentos à paz, mas investimos ainda mais em armas de destruição. Temos tecnologia, mas não temos paz. Mergulhamos nos segredos mais intrincados da ciência, mas não temos paz. Temos comunicação rápida, mas não temos paz. Fazemos viagens espaciais, mas não temos paz. Acumulamos riquezas, mas não temos paz. Erguemos muros de proteção e reforçamos as trancas de nossas portas, mas não temos paz.

A paz não se alcança com tratados humanos nem mediante acordos internacionais, pois o coração do homem é o laboratório de todas as guerras. A paz não se impõe pela força da baioneta nem pela ameaça das bombas. Somente Jesus, o príncipe da paz, pode conceder paz verdadeira. Somente submetendo-se ao governo de Cristo, as nações podem experimentar a verdadeira paz. A paz com os homens é resultado da paz com Deus. Somente quando nossa relação vertical é restaurada, podemos ter paz na dimensão horizontal. É quando somos reconciliados com Deus que caminhamos em paz na direção do nosso próximo. Somente quando temos paz com Deus, temos a experiência de desfrutar da paz uns com os outros.

O Deus da paz nos transforma em agentes da paz. Aqueles que têm paz com Deus e experimentam a paz de Deus tornam-se embaixadores da paz entre os homens; em vez de provocar contendas, tornam-se facilitadores da paz e reparadores de brechas. Em vez de cavar abismos de separação, constroem pontes de aproximação; em vez de abrir feridas no coração das pessoas, tornam-se terapeutas da alma. Se o pecado que Deus mais abomina é espalhar contendas entre os irmãos, a virtude que mais nos assemelha ao caráter de Deus é sermos agentes da paz entre os irmãos. Os pacificadores serão chamados filhos de Deus, pois nessa bendita empreitada refletem o caráter do Pai. O pacificador trabalha em duas dimensões. Primeiro, como ministro da reconciliação e embaixador de Cristo, roga aos homens que se reconciliem com

Deus. Não há paz entre os homens se primeiro não nos submetemos ao Deus da paz. Não há paz na terra sem o reinado do príncipe da paz em nossos corações. Segundo, como pacificadores devemos nos esforçar para que inimizades sejam desfeitas e mágoas sejam perdoadas. Assim, a paz tem uma dimensão vertical e outra horizontal. É quando somos reconciliados com Deus que estreitamos os laços com o nosso próximo.

Providência carrancuda, face sorridente

> *Sabemos que todas as coisas cooperam para o bem*
> *daqueles que amam a Deus, daqueles que são*
> *chamados segundo o seu propósito* (Rm 8.28).

A FRASE EM EPÍGRAFE, QUE DÁ O TEMA DESTA REFLEXÃO, É DE WILLIAM COWPER, COMPOSITOR INGLÊS QUE ENFRENTOU severas crises de depressão. Muitas vezes chegou ao ponto de atentar contra sua própria vida, em virtude da doença. Mesmo nesse vale sombrio, escreveu hinos traduzidos e cantados no mundo inteiro. Uma de suas expressões mais eloquentes, que tem confortado milhões de pessoas, é esta: "Por trás de toda providência carrancuda, esconde-se uma face sorridente".

Muitas vezes, as circunstâncias são pardacentas, sombrias e amargas. Perdas financeiras, luto na família, enfermidade crônica, casamento abalado, amizades rompidas. Muitas vezes, o mar da vida se revolta e parece impossível navegá-lo. Há momentos em que somos assolados por pressões externas e temores internos. Somos ameaçados por laços de morte e atormentados com angústias do inferno. Porém, mesmo que essas circunstâncias sejam carrancudas, esconde-se por trás delas a face sorridente de Deus. O fato de estarmos no miolo da tempestade não significa que Deus

PARTE 3 – AS TENSÕES DA VIDA CRISTÃ

está indiferente à nossa dor. O fato de não vermos nem sentirmos a presença de Deus não significa que ele está ausente. O fato de vermos as circunstâncias se agravando contra nós não significa que Deus está inativo. Na verdade, nessas horas mais sombrias, Deus está trabalhando em nosso favor, transformando vales em mananciais, choro em alegria, noites escuras em manhãs iluminadas. Mesmo que você não veja nem sinta, Deus está no controle e está trabalhando para o seu bem.

Nessa mesma linha de pensamento, o apóstolo Paulo escreveu: *Sabemos que todas as coisas cooperam para o bem daqueles que amam a Deus, daqueles que são chamados segundo o seu propósito* (Rm 8.28). Paulo não trata aqui de uma especulação, mas de uma convicção. Não usa a linguagem da conjectura hipotética, mas da certeza experimental. Nós, de igual forma, sabemos que todas as coisas – e não apenas algumas delas – cooperam para o nosso bem. Isso não significa que todas as coisas que acontecem conosco são boas. O próprio Paulo foi perseguido em Damasco, rejeitado em Jerusalém, apedrejado em Listra, açoitado em Filipos, escorraçado de Tessalônica, chamado de tagarela em Atenas e de impostor em Corinto. Enfrentou naufrágios, recebeu 195 açoites dos judeus, foi fustigado com varas e preso em Jerusalém, Cesareia e Roma. Mas, diante dessas turbulências todas, escreveu: *Quero ainda, irmãos, cientificar-vos de que as coisas que me aconteceram têm, antes, contribuído para o progresso do evangelho* (Fp 1.12).

Às vezes, nós olhamos para a nossa vida pelo avesso. Parece que nada faz sentido. Tudo está de ponta-cabeça. Nessas horas, porém, Deus está trabalhando como um tapeceiro, coordenando todas essas circunstâncias adversas, a fim de que tudo contribua para o nosso bem. Não somos governados pelo acaso nem pelo determinismo. Não somos regidos pela sorte nem pelo azar. Deus dirige o nosso destino. As rédeas da nossa vida estão nas mãos daquele que está assentado na sala de comando do universo. Ele

MENSAGENS SELECIONADAS PARA A VIDA

trabalha para aqueles que nele esperam. O fim dessa jornada não é o fracasso, mas a glória. Não marchamos rumo a um ocaso sombrio; caminhamos para o alvorecer de uma eternidade gloriosa. Receberemos um corpo imortal, incorruptível, poderoso e glorioso. Tomaremos posse da nossa herança imarcescível e reinaremos com Cristo para sempre. Nada nem ninguém, neste mundo nem no porvir, poderá nos separar desse amor. Agora, podem existir pranto e dor, mas, depois, haverá consolo e alegria indizível. Hoje, choramos e gememos, mas, depois, Deus enxugará dos nossos olhos toda lágrima. Agora, a providência é carrancuda, mas, depois, veremos, para todo o sempre, a face sorridente de Deus!

Transformando vales em mananciais

*Bem-aventurado o homem cuja força está
em ti, em cujo coração se encontram os
caminhos aplanados, o qual, passando pelo vale
árido, faz dele um manancial...* (Sl 84.5,6).

VIDA CRISTÃ NÃO É UM SEGURO CONTRA OS PROBLEMAS DA VIDA. Não somos poupados das aflições. Estamos sujeitos às mesmas crises que assolam todos os mortais. O que nos diferencia daqueles que não conhecem a Deus não são as circunstâncias, mas como reagimos a elas. O cristão é alguém que deve ter uma percepção clara da soberania de Deus em sua vida; não olha para a vida como se os problemas ocorressem por um determinismo cego nem encara os acontecimentos como resultado do acaso. Mesmo entrincheirado por circunstâncias adversas, o cristão entende que todas as coisas cooperam para o seu bem. Mesmo no vale, ele não descrê do amoroso propósito de Deus e da possibilidade da sua intervenção libertadora.

O cristão não é apenas alguém resignado. Ele não é um conformista. O crente reage de forma transcendental quando é acuado pelas crises. Na hora do aperto ele não se encaverna picado pelo veneno da autocomiseração. O cristão não é poupado do vale, mas não capitula no vale, antes o transforma num manancial. Ele pega a pedra que fere os seus pés e faz dela um travesseiro. Ele recolhe as flechas envenenadas que são atiradas contra ele e as devolve em gesto de bondade. Mesmo injustiçado e traído pelas pessoas mais íntimas, ele não permite que seu coração seja um porão de revolta, mas aguarda o momento de pagar o mal com o bem. O cristão é alguém que ora por seus inimigos e abençoa a quem o maldiz. O cristão aprendeu com Jesus a ser manso e humilde de coração, por isso, não vive brigando por seus direitos, antes, numa pugna acesa, resolve sofrer o dano a alimentar uma querela. A arma do cristão é o amor. Sua força maior é o perdão. Sua confiança absoluta é que Jesus está na sala de comando da sua vida. Por isso, não se desespera, pois sabe que o Senhor julga a sua causa e que o toma pela sua mão direita, o guia com o seu conselho eterno e depois o recebe na glória.

Muitos de nós estamos passando por provas. Este é um tempo de muita aflição. Há irmãos enfermos, outros enfrentando turbulências na família. Há aqueles que passam pelo vale financeiro, vivendo um tempo de escassez, encontrando no caminho muitas portas fechadas. Não poucos vivem angustiados, deprimidos, ansiosos quanto ao futuro. Para triunfarmos nas crises não podemos olhar para as circunstâncias, mas fixar os nossos olhos em Jesus. Ele pode nos fazer andar sobre o mar revolto das nossas dificuldades. Ele pode fazer cessar o vento contrário que nos açoita. Ele pode acalmar o vendaval da nossa alma. Ele pode nos levar em segurança ao nosso destino. Ele pode reverter situações humanamente impossíveis. Ele está no trono. Ele jamais abriu mão de ser o Deus Todo-poderoso. Ele opera maravilhas ainda hoje. Ele pode transformar os nossos vales em mananciais!

Suicídio: o naufrágio da esperança

Porque ninguém jamais odiou a própria carne;
antes, a alimenta e dela cuida... (Ef 5.29).

NOSSA SOCIEDADE ESTÁ DOENTE. NÃO POUCOS ESTÃO COM MEDO DA VIDA. FOGEM DA VIDA, SALTANDO NO ABISMO DA autodestruição. O suicídio é hoje uma ameaça universal. Das pessoas que vivem hoje, 50% já pensaram no suicídio como uma forma de se verem livres de suas angústias. Segundo a Organização Mundial da Saúde, mais de mil pessoas se suicidam no mundo por dia. O suicídio transpõe todas as barreiras raciais, culturais, etárias e religiosas. Entre os jovens, o suicídio é o segundo maior fator de morte.

Através dos séculos, o suicídio nem sempre foi encarado da mesma maneira. Em Esparta, na Grécia, era considerado como ato justificável. Na Roma antiga, era desenlace honroso para aqueles que eram escarnecidos pelo inimigo. A filosofia estoica justifica-va-o, dizendo: "É lícito morrer a quem não interessa mais viver". Schopenhauer, em suas *Dores do mundo*, aconselhava o suicídio como a única solução lógica à existência humana indefectivel-mente presa aos sofrimentos. O materialista romano Lucrécio argumentava que a morte não era nada e, por isso, o suicídio era louvável. Em Atenas, porém, o suicídio era repudiado. Cortava-se a mão do suicida, que ainda era privado de sepultura. No primeiro século, o apóstolo Paulo estabeleceu princípios contrários ao suicídio. Disse ele, inspirado pelo Espírito Santo: *Porque nenhum de nós vive para si mesmo, nem morre para si...* (Rm 14.7-9). *Se alguém destruir o santuário de Deus, Deus o destruirá; porque o santuário de Deus, que sois vós, é sagrado* (1Co 3.16,17). *Porque ninguém jamais odiou a própria carne; antes, a alimenta e dela cuida, como também Cristo o faz com a igreja* (Ef 5.29).

Agostinho de Hipona negou a legitimidade do suicídio, seja qual for a circunstância. Para ele, o suicida não tinha possibilidade de arrependimento. Tomás de Aquino, mais tarde, afirmou que o suicídio era antinatural, ou seja, contrário ao amor que todo homem deve ter por si mesmo; antissocial, ou seja, uma ofensa contra a família e a comunidade, visto que ninguém é uma ilha existencial; e antiespiritual, visto que é uma usurpação do poder de Deus. Só Deus pode dar e tirar a vida.

Para alguns filósofos existencialistas contemporâneos, o suicídio é o maior problema filosófico. Para Albert Camus, a vida é absurda, uma bolha vazia no mar do nada. Embaladas por esses conceitos fora de foco, multidões estão flertando com o suicídio. Alvin Tofler, em *O choque do futuro*, aponta para as mudanças repentinas e radicais que o nosso mundo está sofrendo como causa maior para o grande surto de desestabilização das pessoas nos dias de hoje, levando-as à paranoia e ao suicídio. A impessoalidade das grandes cidades, a desintegração da família, o vazio existencial, a prisão infernal das drogas, as decepções amorosas, o desequilíbrio financeiro, a impotência sexual, a doença incurável, o sentimento de culpa, o pessimismo, o complexo de inferioridade, a desesperança, a depressão, o sentimento de inadequação e o fanatismo religioso, dentre outras razões, têm levado muitas pessoas a dar fim à própria vida.

PARTE 3 — AS TENSÕES DA VIDA CRISTÃ

Muitas pessoas saltam no abismo da morte, nos braços do suicídio, para chamar atenção para si. É uma espécie de grito de socorro dado tarde demais. Outros cometem o suicídio por vingança; punem o outro, matando-se. Há os que se suicidam numa tentativa de expiar um erro: "Eu mereço morrer. Não sou digno de viver". Para Sigmund Freud, "o suicídio é uma espécie de ira contra si mesmo. É o impulso de matar, ser morto e morrer". Para Karl Menninger, "o suicídio é uma agressão voltada para o interior". Outros, ainda, suicidam-se buscando a fuga de uma situação intolerável, ou desejando encontrar paz ou uma vida melhor.

Neste jogo da morte, há algumas fábulas perigosas: (1) "A pessoa que diz que se suicidará não o faz". Segundo Schneidman, em seu livro *Manual geral de Psiquiatria*, 80% das pessoas que se suicidam dão sinais de sua intenção. (2) "Toda pessoa que se suicida é mentalmente enferma". Jamais se poderia afirmar que o presidente Getúlio Vargas, o industrial Paulo Ferraz, o escritor Pedro Nava e a atriz Marilyn Monroe eram pessoas mentalmente enfermas. Kraeplin, expoente da Psiquiatria universal, admite a existência de indivíduos sãos de espírito capazes de cometer suicídio sob a influência de situações penosas. Émile Durkheim, o famoso sociólogo francês, produziu o primeiro tratado sociológico sobre o suicídio. E concluiu que o suicídio acontece pela falta de integração na sociedade religiosa, na sociedade doméstica e familiar e na sociedade política. É falta de Deus, de fortes laços familiares e ação pertinente na sociedade. (3) "Não adianta ajudar uma pessoa de tendência suicida". Blackburn, estudioso do assunto, esclarece que, das pessoas que tentam suicídio, apenas 10% consumam o ato suicida. Então, a ajuda é necessária e pode ser eficaz.

Finalmente, quero elencar quatro argumentos sobre a improcedência do suicídio:

1. O ARGUMENTO FILOSÓFICO. A despeito da tentativa fútil dos estoicos de justificar o suicídio, faltam a eles sadios fundamentos

filosóficos. O suicídio é um ato de liberdade que destrói todos os atos futuros de liberdade. É uma afirmação do ser que extermina o ser. É um ato do vivente que destrói a vida. Ele é irracional, porque é a "razão" que destrói a si mesma ao afirmar a si mesma.

2. O ARGUMENTO ÉTICO. Quão paradoxal é que alguém conclua que a melhor coisa que pode fazer por si mesmo é destruir-se. Como pode a melhor coisa para alguém ser o ato final contra si mesmo? Ninguém pode agir em favor de seus interesses quando seu plano é destruir-se. Conforme disse Agostinho de Hipona, "o suicídio é um fracasso da coragem. É um escapismo existencial. É a fuga sem retorno. É a covardia mais insana. É o ato mais covarde. O suicídio é imoral porque é assassinato. É assassinato de si mesmo. É assassinato de um ser humano feito à imagem de Deus. É falta de amor. É desumanidade. É egoísmo".

3. O ARGUMENTO BÍBLICO. A Bíblia menciona cinco casos de suicídio (Sansão, Saul, Aitofel, Zinri e Judas Iscariotes). Todos esses homens estavam longe de Deus. O suicídio foi uma fuga de Deus. A Bíblia condena o suicídio. Moisés, Elias e Jonas pediram a Deus que os matasse, mas nunca intentaram contra sua vida. Paulo disse ao carcereiro de Filipos que intentava se suicidar: *Não te faças nenhum mal* (At 16.28). O suicídio é de inspiração maligna, porque o diabo veio para roubar, matar e destruir, mas Jesus veio para dar vida, e vida em abundância. Só Deus pode dar e tirar a vida (1Sm 2.6). O suicídio é usurpação dessa prerrogativa divina.

4. O ARGUMENTO TEOLÓGICO. O suicídio é um gesto de incredulidade, porque deixa de crer que Deus pode socorrer em toda e qualquer situação. É um gesto que atenta contra o propósito de Deus. O fim principal do homem é glorificar a Deus e deleitar-se nele para sempre. O suicídio é a negação disso. É um gesto enganador. É um embuste, visto que leva a pessoa a perder a perspectiva da indestrutibilidade da vida, da perenidade da existência. A morte não é o ponto final do drama da vida. Depois desta vida, teremos à

frente uma eternidade vastíssima e insondável. Alguns a passarão com Deus, no céu; outros, com o diabo, no inferno. A morte para aquele que deixa de crer em Cristo como Salvador e Senhor leva a um poço sem fundo, a um naufrágio sem resgate e a uma condenação eterna e irremediável. O meu clamor àqueles que estão flertando com o suicídio é que fujam desse precipício e busquem refúgio nos braços de Jesus, pois nele há vida plena, abundante, maiúscula e eterna.

Quando nos sentimos encurralados

Pedro, pois, estava guardado no cárcere; mas havia oração incessante a Deus por parte da igreja a favor dele (At 12.5).

O LIVRO DE ATOS MOSTRA A SAGA DA IGREJA DE CRISTO CAMI-NHANDO NO PODER DO ESPÍRITO SANTO, ROMPENDO BARREI-ras, avançando contra as portas do inferno e sendo instrumento de Deus para a proclamação das boas-novas da salvação. No capítulo 12 de Atos, encontramos Herodes passando ao fio da espada o após-tolo Tiago e encerrando na prisão o apóstolo Pedro. A cidade de Jerusalém estava agitada. A oposição à igreja cristã crescia vertigi-nosamente. Pedro foi entregue a uma escolta de dezesseis solda-dos, e sua morte parecia inevitável. Nesse momento, a igreja não apelou para os expedientes humanos, mas reuniu-se para clamar ao Senhor. Warren Wiersbe, comentando esse texto, destaca três verdades sublimes:

1. DEUS VÊ NOSSAS TRIBULAÇÕES (At 12.1-4). Deus está no controle da situação mesmo quando perdemos esse controle. Tiago estava morto, Pedro estava preso, e a igreja estava acuada. Herodes parecia um inimigo irresistível. A situação ameaçava irremedia-velmente a igreja. O inimigo parecia estar no controle da situação

PARTE 3 – AS TENSÕES DA VIDA CRISTÃ

para neutralizar e até mesmo destruir a igreja em seu nascedouro. Mas, como o próprio Pedro escreveu mais tarde: ... *os olhos do Senhor repousam sobre os justos...* (1Pe 3.12), e no tempo certo, da maneira certa, o braço do onipotente prevalece sobre a fúria do inimigo, libertando o seu povo. Deus ainda vê nossas tribulações. Ele vê nossos vales sombrios, nossas noites escuras, nossas grossas lágrimas, nosso choro doído, nossos temores profundos. Ele é o Deus presente, que jamais desampara aqueles que nele esperam.

A vida cristã não é indolor. Não somos poupados das tribulações, mas somos socorridos nelas. Quando Deus permite uma prova, é porque ele tem um propósito. Deus não desperdiça sofrimento na vida de seus filhos. Quando ele nos leva para o deserto, é porque deseja trabalhar em nossa vida. O deserto é um campo de treinamento. O deserto é a escola superior do Espírito Santo, onde Deus treina seu povo para os embates da vida. O nosso Deus jamais nos dará uma provação além das nossas forças. Ele não tem o propósito de nos destruir, mas de nos fortalecer. Por meio das tribulações, forja em nós o caráter de Cristo. Por meio do livramento, mostra-nos sua grande misericórdia.

2. DEUS OUVE NOSSAS ORAÇÕES (At 12.5-17). A situação parecia insustentável. Pedro seria levado à morte depois da festa da Páscoa. Mas havia oração da igreja em seu favor. Quando a igreja ora, os céus se movem. Quando a igreja ora, as estratégias do inimigo são desbaratadas. Quando a igreja ora, as portas da prisão são abertas, e os servos de Deus são libertos. Pedro está preso, mas confiante. Ele dorme (At 12.5,6). A prisão é de segurança máxima. Pedro está preso com cadeias nas mãos. Doze homens fortemente armados garantem que não haverá fuga. Nenhum poder ordinário poderia reverter aquela situação. Então, Deus usa um meio extraordinário. Envia um anjo à prisão, e este acorda Pedro, quebra suas cadeias e tira-o do cárcere. O portão de ferro, trancado com grossas correntes, é aberto automaticamente, e Pedro se vê livre

MENSAGENS SELECIONADAS PARA A VIDA

das mãos do inimigo. *Porque os olhos do Senhor repousam sobre os justos, e os seus ouvidos estão abertos às suas súplicas...* (1Pe 3.12). Ninguém detém os passos de uma igreja que ora. Nenhum poder na terra pode prevalecer sobre uma igreja que experimenta o poder de Deus mediante a oração.

A oração pode tudo quanto Deus pode. O soberano Deus escolheu agir por meio da oração do seu povo. O altar está conectado com o trono. Um crente de joelhos tem mais forças do que um exército. A oração move a mão daquele que move o mundo. Pela oração da fé, os santos de Deus extinguiram o fogo e taparam a boca dos leões. Pela oração, enfrentaram com galhardia os açoites, as prisões, as fogueiras e o martírio. Algumas vezes, Deus nos livra da morte pela oração; outras vezes, ele nos livra pela morte. O incenso da oração jamais deixará de subir ao trono de Deus e jamais deixará de ter resultados grandiosos na terra. Pela oração, sempre prevalecemos!

3. DEUS LIDA COM OS NOSSOS INIMIGOS (At 12.18-25). Pedro conclui: ... *mas o rosto do Senhor está contra aqueles que praticam males* (1Pe 3.12). Os guardas romanos encarregados de Pedro foram mortos em seu lugar, por ordem de Herodes. *O justo é libertado da angústia, e o perverso a recebe em seu lugar* (Pv 11.8). Herodes estava no auge de sua força e poder. O povo o aplaudia e gritava, considerando-o um deus. Por não ter dado glória a Deus, Herodes foi fulminado pelo Eterno: comido por vermes, expirou. Em vez de Pedro ser morto pelo rei Herodes, o rei é que foi morto pelo Deus de Pedro. Talvez o mesmo anjo que livrou Pedro da prisão tenha ferido mortalmente Herodes.

Deus ainda vê as tribulações do seu povo, ouve suas orações e lida com seus inimigos. Quando nos sentirmos encurralados por temores avassaladores, circunstâncias adversas e inimigos implacáveis, é hora de confiarmos em que Deus está no controle e nos conduzirá em triunfo!

Como triunfar sobre as dificuldades da vida

Foi Jabez mais ilustre do que seus irmãos; sua mãe chamou-lhe Jabez, dizendo: Porque com dores o dei à luz. Jabez invocou o Deus de Israel, dizendo: Oh! Tomara que me abençoes e me alargues as fronteiras, que seja comigo a tua mão e me preserves do mal, de modo que não me sobrevenha aflição! E Deus lhe concedeu o que lhe tinha pedido (1Cr 4.9,10).

A HISTÓRIA DE JABEZ É UMA DAS MAIS CURTAS BIOGRAFIAS DA BÍBLIA E TAMBÉM UMA DAS MAIS SUGESTIVAS. SUA BREVE HISTÓRIA está registrada no primeiro livro de Crônicas: *Foi Jabez mais ilustre do que seus irmãos; sua mãe chamou-lhe Jabez, dizendo: Porque com dores o dei à luz. Jabez invocou o Deus de Israel, dizendo: Oh! Tomara que me abençoes e me alargues as fronteiras, que seja comigo a tua mão e me preserves do mal, de modo que não me sobrevenha aflição! E Deus lhe concedeu o que lhe tinha pedido* (1Cr 4.9,10). Ele se tornou mais honrado do que seus irmãos, pois, embora tenha recebido um nome pejado de estigma, não aceitou passivamente a decretação da derrota. Ele sacudiu o jugo da crise e buscou horizontes mais espaçosos na sua caminhada. Nós também podemos superar nossas limitações. Podemos alçar voos mais altos. Podemos fazer avanços mais ousados. Podemos alcançar vitórias mais consagradoras. É tempo de nos desvencilharmos das dificuldades do passado, subirmos nos ombros dos gigantes e olharmos para a vida com a visão do farol alto. O que Jabez fez que o tornou mais nobre do que seus irmãos?

1. ELE ROGOU A BÊNÇÃO DE DEUS (1Cr 4.10). Jabez invocou o Deus de Israel, o Deus vivo, e não um ídolo morto. Ele foi à fonte certa, com o pedido certo e com a motivação certa. Seu clamor é profundo: *Oh! Tomara que me abençoes...* Somente por meio da bênção de Deus, podemos sair dos desertos esbraseantes para os prados cheios de verdor; somente por meio da bênção de Deus, podemos curar os traumas do nosso passado para vivermos uma vida livre, abundante e feliz. A bênção de Deus enriquece e com ela não existe desgosto. O nosso Deus é aquele que já nos tem abençoado com toda sorte de bênçãos em Cristo Jesus nas regiões celestes. O nome de Jabez trazia uma carga pesada. Mas, em vez de curvar-se, conformado, com esse destino de sofrimento, toma a decisão de pedir a bênção de Deus. Ele reage. Não se conforma. Ele não entrega os pontos, não joga a toalha, não aceita passivamente a determinação do fracasso. Jabez não entra pelos atalhos do misticismo. Não anda pelos corredores sinuosos da autoconfiança. Sabe que a questão não é autoajuda, mas ajuda do alto. Ele não busca resposta dentro de si, mas junto ao trono da graça.

2. ELE PEDIU A DEUS QUE AUMENTASSE SUA PROPRIEDADE (1Cr 4.10). Jabez não era um homem acomodado. Ele olhava para a frente e queria conquistar mais terreno, alargar o espaço da sua tenda, ampliar seus horizontes e conquistar novas fronteiras. Não basta desvencilhar-se das amarras do passado; precisamos alçar voos mais altos em relação ao futuro. Jabez queria mais espaço, influência, trabalho, frutos e conquistas. Seu coração palpitava por vitórias mais expressivas, alvos mais arrojados, sonhos mais altaneiros. De igual forma, precisamos ter sonhos mais ousados

PARTE 3 – AS TENSÕES DA VIDA CRISTÃ

em nossa vida pessoal, familiar e espiritual. Há terreno ainda por ser conquistado!

Muitos se acovardam diante das crises. Os espias de Israel temeram diante dos gigantes da terra prometida. Os soldados de Saul fugiram diante do gigante Golias. Muitos se conformam com a crise e deixam de prosperar. A crise é um tempo de oportunidade. Ela revela os covardes e descobre os heróis. Diante da mesma situação, uns colocam os pés na estrada do sucesso, e outros descem a ladeira do fracasso. Deus não nos chamou para olhar para a altura dos gigantes, mas para vencê-los. Isaque, em tempo de fome, cavou poços, semeou na terra e colheu cem por um. Enquanto todos olhavam para a crise, ele olhou para as oportunidades.

Precisamos pedir a Deus para alargar nossas fronteiras. Podemos ter uma vida mais consagrada. Podemos ser mais influentes. Podemos ser mais abençoadores. Podemos realizar obras mais excelentes. Podemos ser instrumentos mais úteis nas mãos do Eterno.

3. ELE SUPLICOU A PRESENÇA DE DEUS (1Cr 4.10). Jabez entendia que seus sonhos não podiam ser realizados se a mão de Deus não fosse com ele. Ele não queria apenas coisas; queria Deus. Coisas sem Deus não satisfazem a alma. Sem a presença de Deus, não podemos caminhar vitoriosamente. Nossa maior necessidade é de Deus. Nossa jornada jamais poderá ser bem-sucedida se a mão de Deus não for conosco. Foi a presença de Deus que sustentou, protegeu e guiou o povo de Israel pelo deserto durante quarenta anos. É a presença de Deus que inunda a igreja de ânimo e força na sua caminhada pelos vales e outeiros da história. Temos a promessa de Jesus: *E eis que estou convosco todos os dias até à consumação do século* (Mt 28.20).

Jabez orou: *... que seja comigo a tua mão...* (1Cr 4.10). Jamais poderemos superar as dificuldades, ultrapassar obstáculos, derrubar gigantes, vencer os inimigos de fora e os temores de dentro se a mão de Deus não for conosco. A força para alcançarmos a vitória

173

MENSAGENS SELECIONADAS PARA A VIDA

não está em nós; está em Deus. A mão que nos eleva a uma posição de influência não é o braço da carne, mas a destra do onipotente.

4. ELE CLAMOU PELA PROTEÇÃO DE DEUS (1Cr 4.10). Jabez compreendia que a jornada da vida é cheia de perigos. Há caminhos escabrosos, inimigos aleivosos, temores assombrosos. Precisamos da proteção divina. Jabez pediu livramento do mal e do maligno. Ele orou: *... e me preserves do mal...* (1Cr 4.10). Jabez compreendia que somente Deus pode nos livrar dos laços e armadilhas do maligno. Jabez sabia que não poderia vencer sem a proteção do Altíssimo, por isso clamou e rogou pelo livramento não apenas do maligno, mas também da aflição decorrente de sua investida. Não temos força nem armas suficientes em nós mesmos para entrar nessa batalha; mas, com a força do Eterno e revestidos de sua armadura, podemos triunfar. O texto de 1Crônicas 4.10 termina dizendo: *E Deus lhe concedeu o que lhe tinha pedido.* Deus responde às nossas orações. Ele muda a nossa sorte. Ele transforma choro em alegria; vales em mananciais; o cerco do inimigo em porta da esperança. Faça o que Jabez fez. Clame ao Senhor, e você verá que um novo tempo poderá raiar também em sua vida!

Cuidado com o pecado!

... Há coisas condenadas no vosso meio, ó Israel; aos vossos inimigos não podereis resistir, enquanto não eliminardes do vosso meio as coisas condenadas (Js 7.13).

ESTAMOS NUM CAMPO MINADO PELO INIMIGO. A VIDA É UMA LUTA SEM TRÉGUA CONTRA INIMIGOS CONFEDERADOS QUE NOS espreitam: a carne, o mundo e o diabo. O livro de Josué, no capítulo 7, registra um episódio que lança luz sobre esse constante perigo que nos cerca.

1. PODEMOS SER TENTADOS NO MEIO DA VITÓRIA (Js 7.21). A cidade de Jericó, uma fortaleza inexpugnável, estava entrando em colapso pelo braço de Deus, movido pela chama da fé. Os soldados israelitas foram instruídos a não cobiçar nada daquela cidade condenada (Js 6.18,19). Mas, mesmo diante de advertência tão clara, Acã, movido pela cobiça, atraído pelo brilho sedutor da riqueza, pôs os seus olhos numa barra de ouro (Js 7.1,21). Mesmo num cenário incontestável do milagre de Deus, o coração de um soldado foi seduzido e vencido pela tentação.

Nunca somos tão vulneráveis quanto depois de uma vitória. Somos tentados a ensarilhar as armas, baixar a guarda e relaxar na vigilância. Acã não acreditou na seriedade da advertência divina. Ele pensou que Deus não estava falando tão sério. Tapou os ouvidos da alma e abafou a voz da consciência. Mesmo depois de ver o milagre estampado diante dos seus olhos, apressou seus pés para andar na direção do pecado. Ele caiu, a despeito da bênção de Deus. Desobedeceu, apesar da solene advertência divina.

2. Jamais pecamos sozinhos (Js 7.1). Somos membros de um corpo, e não uma ilha. O que fazemos afeta inescapavelmente aqueles que estão à nossa volta. O pecado de Acã foi visto por Deus como um pecado de toda a nação. O pecado de Acã gerou a morte de 36 soldados. O que fazemos de certo e errado sempre atinge outras pessoas. Estamos definitivamente ligados a outras pessoas. Nossas ações e escolhas as atingirão. Jamais seremos neutros: somos bênção ou maldição. Somos como um corpo: se um membro sofre, todos sofrem com ele.

Nossas escolhas sempre atingirão as pessoas que estão à nossa volta. Quando um marido se entrega à infidelidade conjugal, está destruindo não apenas sua reputação, mas também arruinando sua esposa e seus filhos. Quando um jovem se entrega às drogas, ele está não apenas apressando sua morte, mas também matando aos poucos seus pais. Quando um líder religioso pratica em secreto os pecados que ele condena em público, está não apenas sepultando seu próprio ministério, mas também cavando um abismo para seu rebanho.

3. O pecado sempre produz derrota (Js 7.5). O pecado escondido tornou-se pecado descoberto, e o pecado descoberto tornou-se pecado condenado. Não apenas Acã e sua família foram mortos, mas todo o Israel foi derrotado pela pequena cidade de Ai. O pecado enfraquece o povo de Deus. Duas coisas graves foram desencadeadas pelo pecado: a ausência de Deus e a impotência diante do inimigo. O pecado atrai o juízo de Deus, enfraquece o povo de Deus e fortalece as mãos do adversário. Tolamente pensamos que o nosso maior perigo é a presença do adversário. O maior risco que enfrentamos é o da ausência de Deus. Se Deus é por nós,

PARTE 3 – AS TENSÕES DA VIDA CRISTÃ

ninguém será contra nós; mas, se Deus não for por nós, seremos vulneráveis, e o inimigo prevalecerá.

O pecado é pior do que a pobreza; é pior do que a solidão; é pior do que a fome; é pior do que a própria morte. Todos esses males, embora tão graves, não nos podem afastar de Deus, mas o pecado nos separa de Deus agora e eternamente. O pecado é maligníssimo!

4. O PECADO NÃO PODE FICAR ESCONDIDO PARA SEMPRE (Js 7.16-20). Deus mesmo trouxe o pecado de Acã à tona. Deus ordenou a Josué que o tempo não era de orar pela situação, mas de agir firmemente no combate ao pecado. Aquilo que Acã fez no anonimato tornou-se público. O pecado pode ser secreto, mas seus efeitos são públicos. O pecado pode ser escondido, mas seu opróbrio torna-se conhecido de todos. O pecado é treva, mas Deus é luz, e onde a luz chega, as trevas não podem prevalecer.

O pecado é uma fraude, e o diabo, um embusteiro. O pecado parece doce ao paladar, mas é amargo no estômago. O pecado oferece liberdade, mas escraviza. Oferece prazeres, mas atormenta. Oferece vida, mas mata. O pecado não compensa. Por trás de seus atrativos, está o espectro da dor. Por trás de seu *glamour*, estão as lágrimas amargas. Por trás de sua cara cheia de risos, está o gemido profundo. Por trás de sua felicidade borbulhante, estão o choro e o ranger de dentes. Por trás de sua discrição, está a vergonha pública. Aquilo que é feito em oculto é proclamado dos eirados!

Os sete degraus da queda de Pedro

Ele, porém, respondeu: Senhor, estou pronto a ir contigo, tanto para a prisão como para a morte. Mas Jesus lhe disse: Afirmo-te, Pedro, que, hoje, três vezes negarás que me conheces, antes que o galo cante (Lc 22.33,34).

ANTES DE PEDRO TORNAR-SE UM APÓSTOLO CHEIO DO ESPÍRITO SANTO, UM PREGADOR UNGIDO E UM LÍDER EFICAZ, REVELOU sua fraqueza e chegou ao ponto extremo de negar a Jesus. Sua queda foi vergonhosa, suas lágrimas foram amargas, mas sua restauração foi completa. A queda de Pedro passou por vários estágios. Alistaremos em seguida os sete degraus de sua queda.

1. AUTOCONFIANÇA (Lc 22.33). Quando Jesus alertou Pedro acerca do plano de Satanás de peneirá-lo como trigo, Pedro respondeu que estava pronto a ir com Jesus tanto para a prisão como para a morte. Pedro subestimou a ação do inimigo e superestimou a si mesmo. Ele pôs exagerada confiança no seu próprio "eu", e aí começou sua derrocada espiritual. Este foi o primeiro degrau de sua queda.

Estamos vivendo o apogeu da psicologia de autoajuda. As livrarias estão abarrotadas de obras que nos ensinam a confiar em nós mesmos. Os paladinos dessa cosmovisão dizem que somos fortes

PARTE 3 – AS TENSÕES DA VIDA CRISTÃ

e que podemos tudo aquilo que proferimos. O cristianismo diz exatamente o contrário. Somos fracos. Não podemos andar altaneiramente escorados no bordão da autoconfiança. A questão não é de autoajuda, mas de ajuda do alto.

2. INDOLÊNCIA (Lc 22.45). O mesmo Pedro que prometeu fidelidade irrestrita a Cristo e disposição de ir com ele para a prisão e a morte, agora está cativo do sono no jardim do Getsêmani no aceso da batalha. Faltou-lhe percepção da gravidade do momento. Faltou-lhe vigilância espiritual. Estava entregue ao sono em vez de guerreando com Cristo contra as hostes do mal. A fraqueza espiritual de Pedro fê-lo dormir, e, ao dormir, fracassou no teste da vigilância espiritual. As palavras de Pedro eram de confiança, mas suas atitudes, trôpegas. Promessas desprovidas de poder evaporam na hora da crise. O sono substituiu a autoconfiança. O fracasso se estabeleceu no palco da arrogância.

3. PRECIPITAÇÃO (Lc 22.50). Quando os soldados romanos, liderados por Judas Iscariotes e pelos principais sacerdotes, prenderam Jesus, Pedro sacou sua espada e cortou a orelha do servo do sumo sacerdote. Sua valentia era carnal. Porque dormiu e não orou, entrou na batalha errada, com as armas erradas e a motivação errada. Pedro deu mais um passo na direção da queda. Ele deslizou mais um degrau rumo ao chão. Nossa luta não é contra carne e sangue. Precisamos lutar não com armas carnais, mas com armas espirituais.

A valentia carnal e as bravatas empapuçadas de soberba não se mantêm de pé nos verdadeiros conflitos espirituais. Precisamos entrar nessa guerra com os olhos no céu e os joelhos no chão. Precisamos despojar-nos da autoconfiança para recebermos o socorro que vem do alto.

4. SEGUIR A JESUS DE LONGE (Lc 22.54). Depois que Cristo foi levado para a casa do sumo sacerdote, Pedro mergulhou nas sombras da noite e seguia a Jesus de longe. Sua coragem

desvaneceu. Sua valentia tornou-se covardia. Seu compromisso de ir com Cristo para a prisão e a morte foi quebrado. Sua fidelidade incondicional ao Filho de Deus começou a enfraquecer. Não queria perder Jesus de vista, mas também não estava disposto a assumir os riscos de sua ligação com ele. Pedro despenca mais um degrau rumo à fatídica queda!

Há muitos crentes seguindo a Jesus de longe. Ainda guardam certo temor de Deus, mas ao mesmo tempo anestesiam a consciência vivendo em práticas deliberadas de pecado. Dizem-se seguidores de Cristo, mas põem os pés nas sendas sinuosas que se afastam dele. Dizem amar a Deus, mas entregam-se somente aos prazeres que satisfazem os desejos da carne. Estão na igreja, mas não se deleitam em Deus. Frequentam os cultos, mas o coração está longe do Senhor.

5. MÁS COMPANHIAS (Lc 22.55). Pedro dá mais um passo rumo ao fracasso quando se afasta de Cristo e se aproxima de seus inimigos na casa do sumo sacerdote. Pedro assentou-se na roda dos zombadores. Tornou-se um com eles. Imiscuiu-se em meio a gente que escarnecia de Cristo. Colocou uma máscara e tornou-se um discípulo disfarçado no território do inimigo. Sua mistura com o mundo custou-lhe caro, pois foi nesse terreno escorregadio que sua máscara foi arrancada e sua queda tornou-se mais vergonhosa.

A palavra de Deus é peremptória ao advertir: *Bem-aventurado o homem que não anda no conselho dos ímpios, não se detém no caminho dos pecadores, nem se assenta na roda dos escarnecedores* (Sl 1.1). Precisamos guardar os nossos pés das veredas escorregadias da tentação. Precisamos fugir de determinados ambientes. Precisamos romper com determinadas práticas. Precisamos nos ausentar de determinadas companhias.

6. NEGAÇÃO (Lc 22.57). Um abismo chama outro abismo. Uma queda leva a outros tombos. Pedro não conseguiu manter-se disfarçado no território do inimigo. Logo foi identificado como

PARTE 3 — AS TENSÕES DA VIDA CRISTÃ

um seguidor de Cristo e, quando interpelado por uma criada, respondeu: *Mulher, não o conheço.* Pedro negou sua fé e seu Senhor. Ele quebrou o juramento de seguir a Cristo até a prisão e a morte. Sua covardia prevaleceu sobre sua coragem. O medo dominou a fé, e ele caiu vergonhosamente. Pedro negou três vezes aquilo que afirmara com tanta convicção. Pedro não apenas negou seu Senhor, mas também seu próprio nome. Pedro significa "pedra", "fragmento de pedra", mas na verdade era "pó".

7. BLASFÊMIA (Mc 14.71). Pedro negou a Cristo três vezes. Ele negou na primeira vez (Mt 26.70), jurou na segunda vez (Mt 26.72) e praguejou na terceira vez (Mt 26.74). A boca de Pedro estava cheia de praguejamento e blasfêmia, e não de votos de fidelidade. Ele caiu das alturas da autoconfiança para o pântano da derrota mais humilhante. Sua queda não aconteceu num único lance. Foi de degrau em degrau. Ele poderia ter interrompido essa escalada de fracasso, mas só caiu em si quando estava com a alma coberta de opróbrio e com os olhos cheios de lágrimas. Não somos melhores do que Pedro. Estamos sujeitos aos mesmos fracassos. A única maneira de permanecermos de pé é fixarmos nossos olhos em Cristo e dependermos dele em vez de nos escorarmos no frágil bordão da autoconfiança.

Ansiedade, estrangulamento emocional

Não andeis ansiosos de coisa alguma; em tudo, porém,
sejam conhecidas, diante de Deus, as vossas petições,
pela oração e pela súplica, com ações de graças (Fp 4.6).

A ANSIEDADE É CONSIDERADA A MAIOR DOENÇA DO SÉCULO. É VISTA POR ALGUNS ESTUDIOSOS COMO A MÃE DAS NEURO-ses. Talvez seja a doença mais democrática da nossa geração. Ela atinge crianças, jovens e velhos; está presente na vida de doutores e analfabetos, pobres e ricos; enfia suas garras em religiosos e ateus. A palavra "ansiedade", na língua grega, significa "estrangulamento". É apertar o pescoço, tirar o oxigênio, sufocar. Ela rouba nossas forças, embaça nossos olhos e tira de nós a perspectiva do futuro. A pressão da vida moderna, a falta de comunicação no lar, o isolamento das pessoas e a ausência da comunhão com Deus abrem a porta para a ansiedade.

Há muitas pessoas asfixiadas pela ansiedade. Vivem atormentadas, sem paz e sem descanso na alma. Jesus nos ensina a lidar corretamente com a ansiedade ao nos convidar a olhar para as aves do céu e os lírios do campo. A criação de Deus é um antídoto contra a ansiedade. Os pássaros não semeiam, não colhem nem ajuntam em celeiros, mas Deus os alimenta. Os lírios do campo

PARTE 3 — AS TENSÕES DA VIDA CRISTÃ

se vestem garbosamente, apesar de não trabalharem nem tecerem, contudo nem Salomão, em toda a sua glória, se vestiu como eles (Mt 6.28,29). O apóstolo Paulo diz que não devemos ficar ansiosos por coisa alguma; antes, devemos apresentar a Deus, em oração, nossas necessidades (Fp 4.6). O apóstolo Pedro diz que devemos lançar sobre o Senhor toda a nossa ansiedade, porque ele tem cuidado de nós (1Pe 5.7). Vamos examinar três aspectos importantes sobre a ansiedade:

1. O DIAGNÓSTICO DA ANSIEDADE (Mt 6.25-34). Jesus falou sobre os malefícios da ansiedade no sermão do monte. Destacamos três pontos abordados por ele:

A ansiedade é inútil. Por mais ansiosos que estejamos, não podemos acrescentar sequer uma hora à duração da nossa vida. O fato de ficarmos ansiosos não ajuda em nada na solução de um problema. A ansiedade drena as nossas forças, rouba a nossa vitalidade e desvia os nossos olhos daquele que está no controle da situação.

A ansiedade é prejudicial. É ocupar-se de uma situação antes que ela ocorra. Agora, ocupar-se de um problema antes que ele aconteça é sofrer desnecessariamente ou sofrer duplamente. Está provado que 70% dos assuntos que nos deixam ansiosos nunca chegam a acontecer. Jesus disse que deveríamos observar as aves dos céus. Mesmo não semeando nem colhendo, Deus as alimenta. Também nos ensinou a observar os lírios do campo, pois nem Salomão, em toda a sua glória, se vestiu de forma tão garbosa como eles. Valemos mais do que os pássaros e as plantas. E, se Deus cuida dos pássaros e das plantas, certamente cuidará dos seus filhos.

A ansiedade é sinal de incredulidade. Jesus disse que os gentios que não conhecem a Deus é que se preocupam com o que devem comer, beber e vestir; mas nós, filhos de Deus, devemos buscar em primeiro lugar o seu reino e a sua justiça, sabendo que as demais coisas nos serão acrescentadas. Ficamos ansiosos porque deixamos de crer que Deus é poderoso para cuidar da nossa vida. Ficamos ansiosos porque queremos ficar no controle da situação em vez de depositarmos aos pés do Senhor as nossas causas. A ansiedade é falta de fé no Deus da providência.

2. O REMÉDIO PARA A ANSIEDADE (Fp 4.6-9). O apóstolo Paulo diz que não devemos andar ansiosos por coisa alguma. Em seguida, ele prescreve três remédios infalíveis para a cura da ansiedade:

Orar corretamente (Fp 4.6). Ficamos ansiosos porque não paramos suficientemente para meditar na grandeza do Deus que temos nem nos dispomos a entregar em suas mãos nossos medos e necessidades por meio da oração, súplica e ações de graças. A palavra "oração" no referido texto tem a conotação de adoração. Adoramos a Deus por quem ele é, enquanto damos graças pelo que ele faz. A. W. Tozer dizia que a fraqueza da igreja contemporânea resulta de ela não meditar suficientemente na majestade de Deus. Qual é o tamanho do seu Deus? Se ele é poderoso para sustentar o universo, não seria competente para cuidar da nossa vida? Quando compreendemos que o nosso Deus está no trono e nada escapa ao seu controle, aquietamos nossa alma.

Pensar corretamente (Fp 4.8). A ansiedade é fruto de um pensamento errado. Por isso, devemos disciplinar nossa mente para pensar naquilo que é verdadeiro, honesto, justo, puro, amável e de boa fama. Quando nossa mente é regida pelos princípios da palavra de Deus, não há espaço para a ansiedade. Contudo, quando desviamos os olhos de Deus e os fixamos nos problemas, somos assaltados pelo medo e pela dúvida.

Agir corretamente (Fp 4.9). Paulo diz: *O que também aprendestes, e recebestes, e ouvistes, e vistes em mim, isso praticai; e o Deus da paz será convosco*. Não basta orar e pensar corretamente; é preciso também agir corretamente. Não basta informação; é preciso

PARTE 3 — AS TENSÕES DA VIDA CRISTÃ

transformação. A verdade que nos transforma não é a que sabemos, mas a que praticamos. Não somos o que falamos; somos o que fazemos.

3. A CURA PARA A ANSIEDADE (Fp 4.7). Quando oramos, pensamos e agimos corretamente, então brota a cura para a ansiedade: *E a paz de Deus, que excede todo o entendimento, guardará o vosso coração e a vossa mente em Cristo Jesus* (Fp 4.7). Quando a paz de Deus chega, a ansiedade precisa ir embora. A palavra "guardará", na língua grega, significa "montar guarda ou sentinela". A paz de Deus torna-se uma muralha protetora ao redor do nosso coração e da nossa mente, de tal forma que a ansiedade não pode mais entrar. Essa paz de Deus não é ausência de problemas, por isso ela excede todo o entendimento. Ela está presente mesmo nas turbulências da vida. Ela nos dá serenidade não porque o problema inexiste, mas porque Deus está no controle da situação. A paz de Deus monta sentinela ao redor do nosso coração e mente e protege nossos sentimentos e pensamentos, desviando os nossos olhos do fragor da tempestade e fixando-os naquele que caminha sobre as tempestades da vida, para acalmá-las e nos conduzir a salvo ao nosso porto seguro.

Concluímos reportando-nos ao que ensina o rei Davi. De igual forma, ele nos dá a receita para a cura da ansiedade. Diz que devemos nos agradar de Deus, sabendo que ele é poderoso para satisfazer os desejos do nosso coração (Sl 37.4). Temos de ter a coragem de entregar nosso caminho ao Senhor, confiar e descansar nele, sabendo que ele tudo fará por nós (Sl 37.5,7). Se ele nos permite passar por situações difíceis, isso não significa ausência de amor nem falta de cuidado, mas ação pedagógica para esculpir em nós o caráter de Cristo. Deus está trabalhando em nós e nos transformando de glória em glória para refletirmos a imagem do seu Filho. Todas as coisas que nos sobrevêm são trabalhadas pela providência divina para o nosso bem último e maior (Rm 8.28).

Não deixe seu coração ficar prisioneiro da ansiedade. A Bíblia diz: *A ansiedade no coração do homem o abate...* (Pv 12.25), mas *O ânimo sereno é a vida do corpo...* (Pv 14.30). Também afirma: *O coração alegre é bom remédio, mas o espírito abatido faz secar os ossos* (Pv 17.22). Descanse em Deus. Desvie os seus olhos das circunstâncias e fixe-os naquele que está acima e no controle das circunstâncias. Não entre na caverna da depressão, mas diga à sua alma: *Por que estás abatida, ó minha alma? Por que te perturbas dentro de mim? Espera em Deus, pois ainda o louvarei, a ele, meu auxílio e Deus meu* (Sl 42.11).

Queres ser curado?

Jesus, vendo-o deitado e sabendo que estava assim há muito tempo, perguntou-lhe: Queres ser curado? (Jo 5.6).

JESUS ESTAVA NA CIDADE DE JERUSALÉM. ERA A FESTA DOS TABERNÁCULOS. O POVO FERVILHAVA NAS RUAS, E POR TODOS os lados se ouviam canções de alegria. Essa era uma das festas mais alegres do calendário judaico. Durante uma semana, o povo vivia em cabanas na cidade de Davi. Jesus não ficou de fora dessa importante celebração. Porém, ao chegar à cidade, em vez de deter-se nos corredores da alegria, Jesus dirigiu-se ao tanque de Betesda, a casa de misericórdia, onde havia uma multidão de enfermos (Jo 5.1-18).

Ali havia gente sofrendo, chorando, com a esperança morta. Jesus caminha por entre os cinco pavilhões [ARA] daquele hospital público. No meio daquela multidão de enfermos, havia coxos, cegos e paralíticos. Uma vaga possibilidade de cura, por intermédio de uma visitação angelical, mantinha aceso um fiapo de esperança no coração daquela gente sofrida. Jesus distingue no meio dos doentes um paralítico, que estava ali havia trinta e oito anos. Esse homem era a maquete do desespero, o retrato da desesperança, a síntese do sofrimento de uma multidão enferma. Jesus pergunta-lhe: *Queres ser curado?* O homem responde com uma desculpa. Jesus, então, ordena que ele se levante, tome o seu leito e ande. Aqui aprendemos três importantes lições:

1. UMA PERGUNTA MARAVILHOSA (Jo 5.6). *Queres ser curado?* Temos doenças físicas, emocionais e espirituais. Precisamos de cura. É claro que todo doente quer ser curado. Mas, então, por que Jesus pergunta? É que podemos nos acostumar com a doença. Podemos também perder a esperança de ser curados. Podemos, como aquele paralítico, ser tomados por um profundo senso de abandono, dizendo que ninguém se importa conosco. Aquele que nos criou e nos formou de forma assombrosamente maravilhosa no ventre de nossa mãe, que tem todo poder e toda autoridade no céu e na terra, é quem pergunta a você: *Queres ser curado?* Ele tem não apenas o diagnóstico da sua doença, mas também a autoridade para curá-lo.

Qual é a sua doença? Há quanto tempo você está sofrendo? Quais são suas mágoas, tristezas e decepções? Quais foram as portas que se fecharam em sua cara, agravando ainda mais a sua dor? Quais foram as pessoas que o abandonaram na hora do sofrimento? Quais foram as chances de você receber alívio, mas outras pessoas pularam na sua frente? Agora, o Filho de Deus lhe pergunta: *Queres ser curado?*

2. UMA ORDEM GLORIOSA (Jo 5.8). *Levanta-te, toma o teu leito e anda.* Aquele homem estava preso numa cama havia trinta e oito anos. Todos os dias, ele nutria a esperança de ser levado ao tanque para ser curado. Todos os dias, alimentava na alma o desejo de andar. Mas sua doença era maior do que seu desejo. Estava dominado por um problema maior do que suas forças. Jesus, então, aparece e lhe dá uma ordem clara, incisiva e poderosa. O mesmo que dá a ordem dá também o poder para cumpri-la. O mesmo que manda levantar restaura a saúde. O universo inteiro ouve e obedece à ordem de Jesus. Ele manda, e o mar se acalma. Ele ordena, e o vento sossega. Ele dá uma ordem, e o morto sai da sepultura.

Ele manda um homem com a mão direita mirrada estendê-la, e a mão do homem se estica cheia de vigor. Ele dá uma ordem ao paralítico, e ele se levanta e anda depois de trinta e oito anos de paralisia. Jesus é o mesmo ontem, hoje e eternamente. Ele também nos manda levantar e nos pôr de pé.

A causa do paralítico era uma causa perdida. Nenhum ser humano podia socorrê-lo. Suas esperanças estavam mortas. Sua dor era incurável. Seu problema era insolúvel. Mas Jesus lhe dá uma ordem: *Levanta-te, toma o teu leito e anda*. Não há causa perdida para Jesus. Ele pode tudo quanto quer.

3. Um resultado miraculoso (Jo 5.9). *Imediatamente, o homem se viu curado e, tomando o leito, pôs-se a andar...* Sob a ordem de Jesus, o paralítico se levantou. A cura foi imediata, completa e cabal; não foi sugestão mental. Jesus não usou nenhum artifício místico nem lhe fez promessas enganosas. O milagre que Jesus opera é notório, verificável e público. Aquele homem cujos músculos estavam atrofiados, cujas articulações estavam definhadas, cujo corpo estava emaciado de ficar prostrado numa maca havia mais de três décadas, coloca-se de pé e começa a andar. A cura entra em seu corpo. A vitalidade transborda de sua alma. Um milagre estupendo acabava de acontecer em sua vida. Jesus ainda visita a nossa casa de misericórdia. Ele ainda nos vê em nosso sofrimento. Ele, de igual forma, pode nos trazer consolo, esperança e cura.

PARTE 4

As glórias da vida cristã

Os sete degraus da restauração de Pedro

Depois de terem comido, perguntou Jesus a Simão Pedro:
Simão, filho de João, amas-me mais do que estes outros?
Ele respondeu: Sim, Senhor, tu sabes que te amo. Ele
lhe disse: Apascenta os meus cordeiros (Jo 21.15).

TENDO JÁ EXAMINADO OS SETE DEGRAUS DA QUEDA DE PEDRO, AGORA VAMOS ESTUDAR SOBRE OS SETE DEGRAUS DA SUA RES-tauração. Pedro caiu ao agir por si mesmo; foi restaurado quando se voltou para o Senhor. De nós mesmos vem a nossa ruína; do Senhor, a nossa restauração. Acompanhemos Pedro nesse processo de restauração.

1. O OLHAR PENETRANTE DE JESUS (Lc 22.61). Jesus olhou para Pedro exatamente no momento em que ele estava negando, jurando e praguejando, insistindo em dizer que não conhecia Jesus. Os olhos de Cristo penetraram na alma de Pedro e radiografaram as mazelas do seu coração. Aquele foi um olhar de tristeza, mas também de compaixão. Quando Jesus olhou para Pedro, este se lembrou da palavra do Senhor e, ao lembrar-se dela, encontrou uma âncora de esperança e o caminho de volta para a restauração.

O olhar de Jesus é cheio de ternura e misericórdia. Basta um olhar dele, e toda a dureza do nosso coração se derrete. Seus olhos são como chama de fogo. Seu olhar penetra as câmaras mais interiores da nossa vida. Seu olhar nos convence de pecado. Seu olhar produz em nós arrependimento para a vida. Seu amor nos traz de volta para o sentido da vida.

2. O CHORO AMARGO PELO PECADO (Mt 26.75; Mc 14.72; Lc 22.62). Os evangelistas nos informam que Pedro, caindo em si, começou a chorar (Mc 14.72) e, saindo dali, chorou amargamente (Mt 26.75; Lc 22.62). Logo que as lágrimas do arrependimento rolaram pelo rosto de Pedro, seus pés se apressaram a sair daquele ambiente. Pedro deu quatro passos rumo à restauração: (1) caiu em si; (2) saiu dali; (3) começou a chorar; (4) chorou amargamente. O choro do arrependimento desemboca na alegria do perdão.

A palavra grega para "amargamente" traz a ideia de água podre. Pedro não chorou o choro do remorso nem verteu as lágrimas da dissimulação. Ele jogou fora o veneno de suas mazelas. Espremeu o pus de suas feridas. Demonstrou verdadeiro arrependimento.

3. O IMPACTO DO TÚMULO VAZIO (Lc 24.11,12). Quando Pedro foi informado de que o túmulo de Jesus estava vazio, ele correu e entrou no sepulcro e, ao ver os lençóis de linho, retirou-se para casa, maravilhado do que havia acontecido. O poder da ressurreição foi mais um instrumento que Deus usou para levantar Pedro de sua queda. O triunfo de Cristo sobre a morte, o diabo e o inferno deixou Pedro maravilhado. A mesma mão que abriu o túmulo de Cristo abriu também os olhos de Pedro. Aqueles que são impactados pela luz da ressurreição não permanecem mais nas regiões tenebrosas da morte.

Pedro tornou-se um poderoso pregador depois de sua restauração. Sua mensagem central era mostrar que o Cristo que foi crucificado triunfou sobre a morte. A ressurreição de Cristo tornou-se a grande bandeira da mensagem de Pedro. O túmulo vazio de Cristo encheu o coração do apóstolo de santa ousadia.

PARTE 4 – AS GLÓRIAS DA VIDA CRISTÃ

4. O RECADO ESPECIAL DE CRISTO (Mc 16.7). O anjo de Deus (segundo o texto bíblico aqui utilizado, um moço sentado à direita, vestido com um manto branco [Mc 16.5]), que estava assentado sobre a pedra que fechava o túmulo de Cristo e testemunhou às mulheres que ele havia ressuscitado, entregou também a elas um recado: *... ide, dizei a seus discípulos e a Pedro que ele vai adiante de vós para a Galileia; lá o vereis, como ele vos disse* (Mc 16.7). Por que Jesus mandou esse recado especial a Pedro? Porque Jesus sabia que, a essa altura, Pedro não se sentia mais digno de ser um discípulo. Pedro havia negado seu nome, sua fé, suas convicções, seu apostolado e seu Senhor. Pedro tinha pensado em desistir de tudo, mas Jesus não desistiu de Pedro.

É maravilhoso saber que Jesus não abre mão do direito que tem de nos ter para ele. Ele não abdica do seu direito de nos ter totalmente. Podemos até cair e pensar em desistir de tudo, mas Jesus jamais desiste de nos amar. Mesmo quando somos infiéis, ele permanece fiel. Mesmo quando tentamos fugir, ele nos encurrala com sua graça e nos atrai para si com cordas de amor.

5. A PERGUNTA ESPECIAL DE CRISTO (Jo 21.15-17). Pedro saiu de Jerusalém e foi para a Galileia como Cristo ordenara. Naquela longa jornada, a consciência de Pedro acusava. Ele pensou que Cristo iria lançar-lhe em rosto o seu fracasso. Mas a única pergunta de Jesus a Pedro foi: *Simão, filho de João, tu me amas?* Essa pergunta foi repetida três vezes, porque três vezes Pedro negou a Cristo. O Senhor não humilhou Pedro. Jesus não esmaga a cana quebrada nem apaga a torcida que fumega. Jesus não lançou no rosto de Pedro seus fracassos. Antes, deu-lhe a oportunidade de reafirmar o seu amor e reiniciar o seu ministério.

É digno de nota que Jesus usou a palavra *ágape* nas duas primeiras perguntas: *Agapas me*. Pedro respondeu a ambas: *Philo se*. *Phileo* descreve um amor de amigo, mas em nível inferior ao amor *ágape*. Pedro tinha sido autoconfiante antes de sua queda.

MENSAGENS SELECIONADAS PARA A VIDA

Agora, havia aprendido a lição. Não ousava fazer promessas para depois quebrá-las. Na terceira pergunta, Jesus mudou a palavra. Perguntou-lhe: *Phileis me?* Ou seja, Pedro você gosta de mim? Pedro entristeceu-se e deu a mesma resposta: *Philo se.*

Jesus é tão cuidadoso em seu amor que armou o mesmo cenário da queda de Pedro para restaurá-lo. O Evangelho de João só descreve duas fogueiras. A primeira foi o palco da queda de Pedro; a segunda, o cenário de sua restauração. Cristo queria curar as memórias amargas de Pedro. De igual modo, ele leva Pedro para o mesmo local onde o havia chamado para o apostolado. Ali, onde tudo havia começado, deveria ser o lugar mais apropriado do seu recomeço. Bendita graça! Bendita restauração!

6. O COMISSIONAMENTO DE CRISTO (Jo 21.15-19). Jesus não apenas restaurou a vida de Pedro, mas também o seu ministério. O Senhor lhe deu duas ordens: pastoreia os meus cordeiros e minhas ovelhas e segue-me! O Senhor sepultou no esquecimento os fracassos de Pedro e abriu-lhe uma nova fronteira de trabalho. O Senhor restaurou a alma e os sonhos de Pedro!

A restauração de Cristo é completa. Pedro tornou-se o grande líder da igreja em Jerusalém. Assim também, podemos deixar para trás os trapos de nossas memórias tristes e tomar posse do perdão, da restauração e do novo direcionamento em nossa vida.

7. O REVESTIMENTO DE PODER PARA PREGAR A PALAVRA (At 2.4,14). Pedro não apenas tem de volta seu ministério, mas agora é revestido do poder do Espírito Santo para pregar a palavra de Deus. O Pedro medroso torna-se intrépido. O Pedro inconstante torna-se firme. O Pedro que falava sem pensar transforma-se, agora, num grande pregador. Quando se levantou para pregar, os corações começaram a se derreter e, aos milhares, foram se convertendo a Cristo. O mesmo Jesus que restaurou Pedro pode também restaurar sua vida.

Fazendo um check-up da alma

Restaura, Senhor, a nossa sorte, como as
torrentes no Neguebe (Sl 126.4).

O SALMO 126 DESCREVE O PASSADO, O PRESENTE E O FUTURO. O salmista olha para o passado com gratidão pelo livramento recebido (v. 1-3); olha para o presente com um profundo desejo pela intervenção divina (v. 4); e olha para o futuro com ardente expectativa de abundantes colheitas (v. 5,6).

O Salmo 126 faz uma verdadeira diagnose da vida, um *check-up* da alma, uma avaliação profunda da caminhada. Vamos observar essas dimensões apontadas pelo salmista, buscando uma aplicação oportuna para os nossos dias.

1. OLHANDO PARA O PASSADO COM GRATIDÃO (V. 1-3). Jerusalém havia sido cercada, invadida, saqueada e ferida pelos caldeus. Nabucodonosor, impiedosamente, feriu à espada homens, mulheres e crianças. Muitos, entrincheirados, morreram de fome e sede antes de serem esmagados pela truculência babilônica. O povo hebreu foi arrastado como um bando de animais para a Babilônia dos ídolos e da feitiçaria. Setenta anos se passaram, e Deus abriu-lhes a porta da prisão, quebrou-lhes os grilhões de ferro, e eles voltaram para a sua terra, reconstruíram o templo, resgataram seus sonhos e continuaram servindo ao Deus vivo.

MENSAGENS SELECIONADAS PARA A VIDA

A libertação miraculosa do povo hebreu do cativeiro babilônico foi uma intervenção portentosa de Deus, além das expectativas do povo (v. 1); um testemunho entre as nações (v. 2) e um motivo de grandiosa e exultante alegria (v. 3). De igual modo, quando olhamos para o passado, contemplamos a obra libertadora de Deus em nossa vida. Ele nos libertou do império das trevas. Ele quebrou os grilhões do pecado que nos mantinham cativos. Ele decretou a nossa alforria e a nossa libertação. Hoje somos livres para servir ao Senhor.

2. OLHANDO PARA O PRESENTE COM CLAMOR (v. 4). O salmista celebra o passado, mas roga a intervenção divina no presente. As vitórias de ontem não servem para nos conduzir em triunfo hoje. A vida do povo estava árida como o deserto do Neguebe. A sequidão havia tomado conta do mesmo povo que estivera exultante no passado.

O salmista não se acomoda; ele clama por intervenção divina. Sabe que a crise não é final. Sabe que Deus ainda pode intervir. Sabe que só Deus pode reverter a dura situação. Sabe que Deus pode fazer o deserto florescer. Sabe que rios caudalosos podem rasgar as entranhas do deserto e que, onde a morte mostrava sua carranca, pode surgir um belo cenário de vida. Por isso, ele ora e clama, dizendo: *Restaura, Senhor, a nossa sorte, como as torrentes no Neguebe*. Ainda hoje, Deus pode fazer o deserto florescer. A sequidão espiritual pode acabar. Rios de água viva podem fluir do seu interior. Sua vida pode reverdecer e frutificar para a glória de Deus. Um avivamento glorioso pode visitar sua alma e fazer de você um jardim engrinaldado e um pomar de deliciosos frutos para Deus.

No versículo 4, o salmista nos ensina cinco verdades preciosas. A primeira delas é que um passado de glória não é garantia de um presente venturoso. As vitórias de ontem não servem para ser celebradas hoje. A plenitude de ontem não nos pode encher hoje. Todo dia é tempo de andarmos com Deus. A segunda verdade é que a sequidão de hoje não é motivo de desânimo, mas razão para um intenso clamor. O salmista não se desesperou, mas clamou

PARTE 4 – AS GLÓRIAS DA VIDA CRISTÃ

com todas as forças da sua alma: *Restaura, Senhor...* A terceira verdade é que a restauração é obra soberana de Deus. O salmista não busca a solução em si mesmo, mas em Deus. Ele se volta não para dentro, mas para o alto. A quarta verdade é que a restauração é fruto da oração. O salmista orou. Ele não se entregou à meditação transcendental. Não mergulhou nos labirintos escuros de sua própria alma; ao contrário, voltou-se para Deus em oração e clamou por restauração. A última verdade é que a restauração é um milagre de Deus. Assim como o gelo das montanhas derrete e rasga as areias quentes do deserto, fazendo-o florescer, assim também, quando o Espírito de Deus é derramado em nossa vida, o cenário que estava seco floresce e frutifica!

3. OLHANDO PARA O FUTURO COM EXPECTATIVA (v. 5,6). O salmista não pensa numa vida abundante apenas para si mesmo; ele quer ser um semeador. Está disposto a sair, ainda que com lágrimas, semeando a boa semente. A semeadura exige esforço e determinação. O semeador precisa sair e andar. Muitas vezes, ele rega o solo com suas próprias lágrimas. Mas não há semeadura sem colheita, nem lágrimas sem júbilo, nessa bendita empreitada. A semeadura é com lágrimas, mas a colheita é certa e com júbilo. Precisamos fazer investimentos em nossa vida espiritual. Precisamos investir em nossa família. Precisamos fazer uma semeadura generosa no reino de Deus. Não podemos esperar colheita se não semeamos. Não podemos ter vida abundante se não oramos nem meditamos na palavra. Não podemos fazer progresso em nossa jornada espiritual se não buscamos em primeiro lugar o reino de Deus e a sua justiça. Não podemos ter um casamento feliz se não investimos no relacionamento conjugal. Não podemos ter diálogo em nossa casa se não cultivamos amizade.

Ainda hoje, é tempo de semear. Temos a boa semente, e o campo já está preparado para recebê-la. Você é um semeador. Lance essa semente nos corações e prepare-se para uma colheita abundante e jubilosa!

Por que o céu é melhor?

E lhes enxugará dos olhos toda lágrima, e a morte já não existirá, já não haverá luto, nem pranto, nem dor, porque as primeiras coisas passaram (Ap 21.4).

O CÉU É UM LUGAR E UM ESTADO. UM LUGAR DE GLÓRIA E UM ESTADO DE FELICIDADE ETERNA. O CÉU É ONDE ESTÁ O trono do Deus Altíssimo e o lugar de habitação dos remidos transformados. O céu é a nossa pátria permanente, o nosso lar eterno, a nossa fonte inesgotável de excelso prazer. O céu é a casa do Pai, o paraíso de Deus, o lugar preparado para um povo preparado. As glórias do céu transcendem as mais esplêndidas glórias da terra. As riquezas do céu são infinitamente mais valiosas do que os tesouros da terra. Os prazeres do céu são incomparavelmente melhores do que todas as delícias da terra. O céu é melhor.

1. O CÉU É MELHOR PORQUE LÁ NÃO HAVERÁ DOR (Ap 21.4). A dor tem castigado os filhos dos homens. Viver neste mundo é pisar um lagar de profundo sofrimento. Nascemos chorando, cruzamos os vales da vida com o rosto molhado de lágrimas e, muitas vezes, partimos desta vida com os olhos marejados. Mas, no céu, Deus enxugará dos nossos olhos toda lágrima. Lá, o choro cessará. Lá, a dor não fará parte da nossa vida. O céu será um lugar de alívio perene, de alegria inefável, de glória eterna. A nossa leve e momentânea tribulação produzirá para nós eterno peso de

PARTE 4 – AS GLÓRIAS DA VIDA CRISTÃ

glória sem comparação. Os sofrimentos do tempo presente não são para se comparar com as glórias por vir a serem reveladas em nós. No céu, não existirão lembranças amargas nem memórias tristes. No céu, não haverá disputas nem seremos picados pelo veneno do ciúme. No céu, não teremos despedidas nem seremos apartados daqueles que amamos.

2. O CÉU É MELHOR PORQUE ESTAREMOS LIVRES DA PRESENÇA DO PECADO (Ap 21.27). No céu, não entrará nada impuro. Nosso espírito será aperfeiçoado antes de entrar na glória e, na ressurreição, receberemos um corpo glorioso, semelhante ao do Senhor Jesus. Fomos libertos da condenação do pecado na justificação. Estamos sendo libertos do poder do pecado na santificação, mas seremos completamente libertos da presença do pecado na glorificação. O pecado, que tem sido o opróbrio das nações e lançado tantas vidas na escravidão mais repugnante, será totalmente banido da nossa vida. No céu, o pecado não entrará, por isso teremos uma comunhão perfeita, completa e eterna com aquele que nos amou e nos deu vida.

3. O CÉU É MELHOR PORQUE LÁ A MORTE NÃO ENTRARÁ (Ap 21.4). A morte é a maior causadora de sofrimento na terra. Ela arranca dos nossos braços as pessoas que amamos. Estende suas mãos álgidas sobre ricos e pobres, grandes e pequenos, crianças e velhos. Cristo arrancou o aguilhão da morte. Triunfou sobre ela em sua ressurreição e abriu-nos o caminho da imortalidade. Mas, ainda hoje, a morte arranca lágrimas dos nossos olhos e fere nosso coração de profunda dor. Em breve, porém, a morte será lançada no lago de fogo (Ap 20.14) e sairá completamente de cena. Então, entraremos na glória. Receberemos um corpo incorruptível e imortal e reinaremos com Cristo pelos séculos dos séculos. O apóstolo João dá o seu brado de triunfo: *E lhes enxugará dos olhos toda lágrima, e a morte já não existirá, já não haverá luto, nem pranto, nem dor, porque as primeiras coisas passaram* (Ap 21.4).

4. O CÉU É MELHOR PORQUE LÁ VEREMOS JESUS FACE A FACE (Ap 22.5). Jesus é o conteúdo mais excelente de todas as delícias do céu. Tudo vai convergir em Jesus. Ele é o centro do universo. A história caminha para um fim glorioso, da vitória absoluta, final e eterna do Filho de Deus. Estaremos com ele para sempre. Ver Jesus face a face, render-nos aos seus pés em gratidão e glorificá-lo por sua graça, e isso pelos séculos dos séculos, eis a mais santa e pura de todas as bem-aventuranças celestiais. No céu, seremos uma só família. Todos aqueles que foram lavados no sangue do Cordeiro viverão juntos para sempre, em plena harmonia uns com os outros e com o próprio Deus. Vamos conhecer uns aos outros e amar-nos com o perfeito amor do Pai. No céu, iremos trabalhar, pois serviremos a Deus, porém sem fadiga e sem cansaço. Porque o céu é melhor, devemos pensar nas coisas do alto, ajuntar tesouros no alto e viver como peregrinos aqui e como cidadãos dessa pátria superior.

Paz para enfrentar os momentos decisivos da vida

Então, ele me disse: A minha graça te basta, porque
o poder se aperfeiçoa na fraqueza... (2Co 12.9).

O MUNDO ESTÁ ATORMENTADO POR MUITOS FLAGELOS. O TERRORISMO INTERNACIONAL FRAGILIZA AS NAÇÕES MAIS PODErosas da terra. O vazio existencial empurra muitas pessoas para o suicídio. O uso de drogas letais, por mais firme que seja a repressão, cresce no mundo inteiro, deixando tantas pessoas prisioneiras do vício e do tráfico. Há um gemido represado nos corações. Há uma dor que lateja na alma. Há lágrimas copiosas que tolhem as alegrias da vida.

Há momentos em que a doença surra o nosso corpo e a morte nos mostra a sua carranca. Nessas horas decisivas, muitos se desesperam; outros, porém, desfrutam de uma paz que excede todo entendimento. Uma pergunta se impõe nesse cenário cinzento e nesses momentos decisivos: É possível experimentar a verdadeira paz? Nossa resposta é um sonoro SIM. Elenco, a seguir, duas situações dramáticas vividas pelo apóstolo Paulo, o maior bandeirante do cristianismo, em que ele compartilha seus sentimentos tanto diante da enfermidade como na hora da morte.

MENSAGENS SELECIONADAS PARA A VIDA

1. Paz para enfrentar a enfermidade. *Então, ele me disse: A minha graça te basta, porque o poder se aperfeiçoa na fraqueza...* (2Co 12.9). A enfermidade enfraquece nosso corpo e dobra nosso espírito. Provoca sofrimento físico e golpeia nosso orgulho. O apóstolo Paulo ficou doente quando fazia sua primeira viagem missionária (Gl 4.13-15). Chamou essa doença de espinho na carne (2Co 12.7). Essa enfermidade trouxe-lhe atroz sofrimento. Ao mesmo tempo que Deus usou sua enfermidade para torná-lo humilde, Satanás usou-a para esbofeteá-lo. Paulo, então, rogou a Deus três vezes para remover o espinho de sua carne, mas Deus, em vez de curar sua enfermidade, deu-lhe graça para suportá-la, dizendo-lhe que seu poder se aperfeiçoa na fraqueza. A enfermidade de Paulo tornou-o completamente dependente de Deus. Impediu que ele se ensoberbecesse diante da grandeza das revelações. Mesmo acicatado por esses espinhos pontiagudos, manteve-se resoluto em seu ministério, levando a boa-nova do evangelho aos mais longínquos rincões do império. O mesmo Deus que cura é também aquele que consola. O mesmo Deus que permite a enfermidade é também aquele que a instrumentaliza para o nosso bem. O mesmo Deus que coloca seu tesouro em um frágil vaso de barro é também aquele que traz glória ao seu santo nome, pelo nosso santificado sofrimento.

2. Paz para enfrentar a morte. *Quanto a mim, estou sendo já oferecido por libação, e o tempo da minha partida é chegado* (2Tm 4.6). Voltaire, um filósofo ateu que escarneceu do cristianismo, morreu em grande agonia e desespero. O apóstolo Paulo, que proclamou a fé cristã nas diversas províncias do Império Romano, demonstrou profunda serenidade diante da morte. Mesmo sabendo que caminharia de uma masmorra úmida e fria para o patíbulo da morte, disse: *Estou sendo já oferecido por libação, e o tempo da minha partida é chegado*. Paulo entende que não é Roma que vai matá-lo, mas é ele quem vai se entregar. Não

PARTE 4 – AS GLÓRIAS DA VIDA CRISTÃ

vai se entregar a César, pois é prisioneiro de Cristo e embaixador em cadeias. Vai oferecer-se a Deus como uma oferta de libação. Paulo não está com medo de morrer, porque sabe em quem tem crido e para onde está indo. Em vez de usar o termo "morte" para o desfecho de sua vida, usa a palavra "partida", e isso por três razões. Primeiro, "partida" significa tirar o fardo das costas de alguém. Morrer, para um crente, é descansar de suas fadigas. Segundo, "partida" significa desatar um bote do tronco e atravessar o rio. Morrer, para um crente, é fazer sua última viagem rumo à pátria celestial. Terceiro, "partida" significa afrouxar as estacas de uma barraca, levantar acampamento e ir para sua casa permanente. Morrer, para um crente, é mudar de endereço; é ir para a casa do Pai.

E você, tem desfrutado essa paz? Agora mesmo você pode apropriar-se dela em Cristo Jesus. Ele é a nossa paz. Nele temos paz com Deus e a paz de Deus.

O corpo humano, uma obra de arte

Graças te dou, visto que por modo assombrosamente maravilhoso me formaste... (Sl 139.14).

O LIVRO DE JÓ FAZ UMA DAS DECLARAÇÕES MAIS FANTÁSTICAS ACERCA DA ORIGEM DO HOMEM. EIS O QUE ESTÁ ESCRITO: *O Espírito de Deus me fez, e o sopro do Todo-poderoso me dá vida* (Jó 33.4). O nosso corpo tem dois componentes bem distintos: fomos feitos do barro e recebemos vida pelo sopro de Deus. Assim, somos corpo e alma. Nosso corpo, feito pelo Espírito de Deus, é uma máquina supermoderna. A mais sofisticada tecnologia jamais concebeu algo tão extraordinário. A mente mais brilhante jamais criou algo tão sublime. Somos um prodígio do criador. O homem não é singular apenas pela beleza inefável de seu corpo, mas também, e sobretudo, pela sua semelhança com o criador. Essa semelhança não é física, pois Deus é espírito. Essa semelhança é moral e espiritual. Temos consciência e relacionamo-nos com Deus, o criador. Podemos amá-lo e glorificá-lo. Podemos buscá-lo em oração e devotar-nos a ele em sincera e profunda consagração.

Marshall Nirenberg, prêmio Nobel de Biologia, descobriu que nosso corpo tem cerca de sessenta trilhões de células vivas, e em cada uma há um metro e setenta centímetros de fita DNA, onde

PARTE 4 – AS GLÓRIAS DA VIDA CRISTÃ

estão gravados e computadorizados todos os nossos dados genéticos, como a cor da pele, a cor dos olhos e o nosso temperamento. John Wilson, famoso oftalmólogo, disse que temos em torno de dois milhões de fios duplos encapados em cada olho. Se não fora assim, haveria um curto-circuito e ficaríamos cegos. Se pudéssemos esticar a fita DNA do nosso corpo, teríamos 102 trilhões de metros, 102 bilhões de quilômetros. Isso daria para dar várias voltas no sistema planetário. Nós somos um ser programado e computadorizado geneticamente. Falar que somos resultado de uma geração espontânea ou obra do acaso contraria essa realidade inexorável.

O rei Davi disse que Deus fez o nosso corpo de forma assombrosamente maravilhosa, entretecendo-nos no ventre de nossa mãe. Ele viu quando éramos apenas uma substância informe. É meridianamente claro que não somos produto de uma evolução de milhões e milhões de anos. A chamada teoria da evolução não possui a evidência das provas. O próprio livro *Origem das espécies*, de Charles Darwin, publicado em Londres em 1859, possui nada menos que oitocentos verbos no presente do subjuntivo: "Suponhamos". O criacionismo não é uma vertente religiosa, como muitos querem. É estritamente científico. Que o universo foi criado, a ciência prova. Que o homem foi criado, a ciência confirma. O que é matéria de fé é que nós cremos que Deus é o criador do universo. Afirmamos, portanto, com inabalável convicção, que não viemos de uma ameba nem somos parentes dos símios. Viemos das mãos do divino artífice. Somos uma obra de arte do criador. Somos criados à sua imagem e semelhança. As digitais do Todo-poderoso podem ser encontradas em nós.

Muito embora o homem tenha sido criado perfeito, o pecado deformou sua beleza moral. A imagem de Deus estampada em nós na criação tornou-se a imagem de Deus deformada na queda. Porém, em Cristo, somos a imagem de Deus restaurada. Agora, somos feitura de Deus, criados em Cristo Jesus para as boas obras. Somos o poema de Deus, a poesia mais bela do criador. Nossa vida deve resplandecer a beleza de Cristo. A face do Filho refletida em nós, pelo poder do Espírito Santo, deve resplandecer a glória do Pai. Somos uma obra de arte na criação e uma obra da graça na redenção. Fomos feitos perfeitos na criação e declarados perfeitos na redenção. O homem por inteiro, corpo e alma, procede de Deus e só encontra sentido na existência quando se volta para Deus.

A morte não tem
a última palavra

*Não queremos, porém, irmãos, que sejais ignorantes com
respeito aos que dormem, para não vos entristecerdes
como os demais, que não têm esperança* (1Ts 4.13).

OS GREGOS ACREDITAVAM NA IMORTALIDADE DA ALMA, MAS NÃO NA RESSURREIÇÃO DO CORPO. ELES SUBSCREVIAM O dualismo, que ensinava que a matéria é essencialmente má e o espírito é essencialmente bom. Em consequência, os gregos negavam doutrinas centrais da fé cristã, como a criação, a encarnação e a ressurreição. A igreja de Tessalônica, fortemente influenciada pela cultura grega, teve suas convicções abaladas com respeito à doutrina da ressurreição dos mortos e passou a viver como os pagãos, que não tinham esperança. O apóstolo Paulo escreve duas cartas a essa igreja para corrigir esse desvio doutrinário e ao mesmo tempo consolar a igreja. Paulo destaca quatro verdades importantes que passo a mencionar:

1. A DOUTRINA DA RESSURREIÇÃO É UMA REVELAÇÃO DIVINA, E NÃO UMA ESPECULAÇÃO HUMANA (1Ts 4.15). *Ora, ainda vos declaramos, por palavra do Senhor, isto...* O futuro do povo de Deus não é o tormento do fogo eterno nem o túmulo gelado, mas a glória. Nosso corpo não ficará dormindo para sempre num sepulcro.

MENSAGENS SELECIONADAS PARA A VIDA

Quando Jesus voltar, os vivos serão transformados e os mortos ressuscitarão com um corpo imortal, incorruptível, poderoso, glorioso, semelhante ao corpo da glória do Senhor Jesus.

2. A SEGUNDA VINDA DE CRISTO É UMA REALIDADE INEGÁVEL E INESCAPÁVEL (1Ts 4.16A). *Porquanto o Senhor mesmo, dada a sua palavra de ordem, ouvida a voz do arcanjo, e ressoada a trombeta de Deus, descerá dos céus...* Jesus voltará visível, audível, física, inesperada, repentina e gloriosamente. Quando ele voltar, os mortos em Cristo ressuscitarão primeiro, e os que estiverem vivos serão transformados e arrebatados para encontrar o Senhor nos ares. A segunda vinda de Jesus fechará as cortinas da história e abrirá os portais da eternidade.

3. A RESSURREIÇÃO DOS MORTOS ACONTECERÁ IMEDIATAMENTE APÓS A SEGUNDA VINDA DE CRISTO (1Ts 4.16B). *... e os mortos em Cristo ressuscitarão primeiro.* Os mortos em Cristo ressuscitarão primeiro não em relação aos mortos que morreram na sua impiedade, porque todos os mortos ressuscitarão ao mesmo tempo, uns para a ressurreição da vida e outros para a ressurreição do juízo (Jo 5.28,29). Mas ressuscitarão primeiro em relação aos crentes que estiverem vivos. Ou seja, aqueles que morrem em Cristo, em critério algum, estão em desvantagem aos que continuam vivos, pois morrer é partir para estar com Cristo, o que é incomparavelmente melhor. Quando Jesus voltar, os mortos em Cristo ressuscitarão antes de os vivos serem transformados e arrebatados.

4. O ARREBATAMENTO DOS SALVOS SERÁ A MANIFESTAÇÃO DE TODOS OS REMIDOS DO SENHOR (1Ts 4.17). *Depois, nós, os vivos, os que ficarmos, seremos arrebatados juntamente com eles, entre nuvens, para o encontro do Senhor nos ares, e, assim, estaremos para sempre com o Senhor.* O arrebatamento a que Paulo faz referência aqui não é um arrebatamento secreto, distinto da segunda vinda. O arrebatamento é o resultado imediato da segunda vinda. Jesus

PARTE 4 – AS GLÓRIAS DA VIDA CRISTÃ

vem do céu e os salvos vão com ele para o céu. Jesus desce do céu e os salvos sobem com ele para o céu. O arrebatamento será tanto daqueles que ressuscitaram para a vida como dos vivos que serão transformados. Subiremos entre nuvens para encontrar nosso Senhor nos ares e, assim, estaremos para sempre com o Senhor, na casa do Pai, na nova Jerusalém, na cidade santa, onde Deus enxugará dos nossos olhos toda lágrima; onde a morte não entrará; onde não haverá mais luto nem pranto nem dor.

O apóstolo Paulo termina sua exposição dando uma ordem à igreja: *Consolai-vos, pois, uns aos outros com estas palavras* (1Ts 4.18). Jesus venceu a morte, tirou a aguilhão da morte e, por isso, a morte não tem a última palavra!

PARTE 5

Vitória na vida cristã

Como viver dentro da vontade de Deus

Rogo-vos, pois, irmãos, pelas misericórdias de Deus, que apresenteis o vosso corpo por sacrifício vivo, santo e agradável a Deus, que é o vosso culto racional. E não vos conformeis com este século, mas transformai-vos pela renovação da vossa mente, para que experimenteis qual seja a boa, agradável e perfeita vontade de Deus (Rm 12.1,2).

O APÓSTOLO PAULO ESCREVEU O MAIOR TRATADO TEOLÓGICO DO NOVO TESTAMENTO, A CARTA AOS ROMANOS. NESSA carta, ele trata de questões teológicas nos capítulos 1 a 11 e de questões práticas nos capítulos 12 a 16. Nos dois primeiros versículos do capítulo 12, Paulo fala sobre três atitudes fundamentais para um cristão conhecer e experimentar a vontade de Deus em sua vida: apresentação, inconformação e transformação.

1. APRESENTAÇÃO (Rm 12.1). *Rogo-vos, pois, irmãos, [...] que apresenteis o vosso corpo por sacrifício vivo, santo e agradável a Deus, que é o vosso culto racional.* Visto que Cristo ofereceu sua vida por nós na cruz, morrendo em nosso lugar para nos salvar, devemos oferecer a ele o nosso corpo em sacrifício vivo, santo e agradável. Nosso corpo é de Deus, foi criado por Deus e é remido por Deus,

para a sua glória. Nosso corpo não deve ser instrumento de impureza nem veículo para a gratificação de desejos lascivos. Nosso corpo é templo do Espírito Santo e foi comprado pelo sangue de Cristo. Deve ser oferecido ao Senhor para glorificá-lo. Nosso corpo é um sacrifício que deve ser colocado no altar de Deus sem ser tomado de volta. Devemos viver no Espírito, ser guiados pelo Espírito e viver na sua força, em santidade, para o louvor da glória de Deus. Não somos um sacrifício morto, mas vivo; não um sacrifício contaminado, mas puro; não um sacrifício imperfeito, mas agradável a Deus.

2. Inconformação (Rm 12.2). *E não vos conformeis com este século.* A palavra "século" aqui significa o estilo de vida do mundo, a filosofia que está por trás da atitude, do comportamento e das ações das pessoas que não conhecem a Deus. O mundo tem uma forma. Essa forma é bem larga e espaçosa e comporta toda sorte de pensamentos e filosofias. O mundo não tem valores absolutos. Não tem uma ética absoluta. Tudo é relativo, tudo é permitido, tudo é aceitável. Cada um deve viver de acordo com os seus desejos. Paulo diz que não podemos nos conformar com isso. Não podemos colocar o nosso pé nessa forma. O cristão precisa ser diferente. Ele não pode se amoldar. Não pode ser influenciado e dominado pela filosofia do mundo. O cristão deve, ao contrário, ser uma pessoa inconformada com o relativismo moral deste século. Deve dizer não ao estilo de vida e aos valores relativos que a sociedade sem Deus ensina. O cristão é diferente e tem coragem de assumir isso. O cristão não se corrompe diante das vantagens imediatas. Ele se posiciona contra as estruturas pecaminosas, opõe-se aos esquemas criados para roubar o direito do fraco, resiste com determinação a toda a avalancha de impureza que os meios de comunicação despejam na mente das pessoas, seduzindo-as para uma vida sem freios e sem absolutos. O cristão é sal que inibe a podridão, é luz

PARTE 5 – VITÓRIA NA VIDA CRISTÃ

que denuncia as trevas, é um inconformado com as conformações deste mundo sem Deus.

3. TRANSFORMAÇÃO (Rm 12.2). ... *mas transformai-vos pela renovação da vossa mente.* Não basta ser uma pessoa inconformada. É preciso ser um agente de transformação. Mas somente uma pessoa transformada pode ser instrumento de transformação. O cristão tem uma mente nova, a mente de Cristo. Sua vida é regida não pela ética situacional pregada pelo mundo, mas pela infalível palavra de Deus. O cristão está fundamentado na verdade eterna de Deus. Ele tem um modelo que não muda, Jesus. Ele não é jogado de um lado para o outro ao sabor das ondas impetuosas das paixões carnais, mas encontra-se numa escalada de transformação, de glória em glória, na imagem de Cristo. Sua mente não é um poço de águas turvas e poluídas pelo pecado, mas um depósito da verdade transformadora de Deus. O cristão que apresenta seu corpo no altar da consagração a Deus, que não se conforma com o mundo e é agente de transformação no mundo experimenta a boa, perfeita e agradável vontade de Deus!

Princípios para uma vida abençoada

Bem-aventurados os humildes de espírito,
porque deles é o reino dos céus (Mt 5.3).

JESUS, O MESTRE POR EXCELÊNCIA, NO SERMÃO DO MONTE DEIXOU CLARO QUE A VERDADEIRA FELICIDADE NÃO É RESULTADO DA OBSERvância de regras religiosas engendradas pelo homem, mas uma transformação profunda do caráter operada por Deus. Warren Wiersbe nos ajuda a compreender esses princípios em sua exposição do Evangelho de Mateus. Em Mateus 5.1-16, Jesus apresenta os princípios para uma vida abençoada:

1. TER UMA ATITUDE CORRETA EM RELAÇÃO A SI MESMO (Mt 5.3). Ser pobre de espírito é ser humilde, é ter uma correta autoestima (Rm 12.3), é ser honesto consigo mesmo. É conhecer e aceitar a si mesmo. Feliz é aquele que não busca ser maior do que os outros, que não vive procurando aplausos para si. Uma autoestima sadia é um dos maiores princípios para uma vida feliz.

2. TER UMA ATITUDE CORRETA EM RELAÇÃO AO PECADO (Mt 5.4). Ser feliz é chorar pelo pecado, é sentir tristeza por entristecer a Deus. Encobrir o pecado é afastar-se do caminho da felicidade. Chorar pelo pecado é reconhecer sua hediondez, sua malignidade, e fugir dele com todas as forças da alma. Quem ama o pecado atrai desgraça sobre

PARTE 5 – VITÓRIA NA VIDA CRISTÃ

si. Quem semeia vento colhe tempestade. Quem planta na carne, dela colhe corrupção. Não há verdadeira felicidade no pecado. O pecado é uma fraude; promete vida, mas seu salário é a morte (Rm 6.23).

3. TER UMA ATITUDE CORRETA EM RELAÇÃO A DEUS (Mt 5.5,6,8). Feliz é aquele que entregou seus direitos a Deus. Manso é aquele que não briga por seus direitos, que não luta para conduzir o seu próprio destino, mas aceita com alegria a direção de Deus. Feliz é aquele que tem fome e sede de justiça. Ele não luta por benefícios pessoais, mas por princípios absolutos que emanam da palavra de Deus. A felicidade também é resultado da pureza de coração. Ser feliz é ter um coração puro, é abastecer os pensamentos, os olhos, os ouvidos, a alma com as coisas que procedem do Espírito de Deus.

4. TER UMA ATITUDE CORRETA EM RELAÇÃO AO PRÓXIMO (Mt 5.7,9). Jesus disse que feliz não é aquele que acumula e ajunta só para si, mas o que exerce misericórdia. Feliz é o que se torna instrumento da mesma misericórdia da qual foi alvo. A felicidade está no dar, no repartir, no distribuir com prodigalidade. Mas Jesus disse também que feliz é o pacificador. Feliz é aquele que, em vez de cavar abismos nos relacionamentos, torna-se um construtor de pontes. Feliz é aquele que aproxima as pessoas, que leva a reconciliação, que tem uma palavra de paz e que instrumentaliza a aproximação daqueles que viviam separados pelos muros da indiferença, do ódio ou do preconceito.

5. TER UMA ATITUDE CORRETA EM RELAÇÃO AO MUNDO (Mt 5.10-16). Nossa sociedade não é amiga de Deus nem do povo de Deus. Assim como o mundo rejeitou a Cristo, ele também nos rejeita. Qual deve ser a nossa atitude ao sermos odiados e perseguidos pelo mundo? Devemos nos alegrar! Nossa alegria está além das circunstâncias. O mundo não a pode dar nem tirar. Mas a nossa posição no mundo não pode ser apenas passiva. Somos chamados para exercer uma poderosa influência transformadora. Como sal, devemos inibir o mal; como luz, devemos apontar o rumo a seguir.

Uma vida com propósito

Porque dele, e por meio dele, e para ele são todas as coisas.
A ele, pois, a glória eternamente. Amém! (Rm 11.36).

RICK WARREN DISSE QUE, SE VOCÊ QUER SABER O PORQUÊ DE ESTAR AQUI NESTE PLANETA, TEM DE COMEÇAR COM DEUS. Você nasceu por seu propósito e para a sua glória. João Calvino começa as suas *Institutas* mostrando que o conhecimento do homem, sua origem e propósito só podem ser compreendidos quando começamos com o conhecimento de Deus. Você não descobre o significado da vida, como muitos livros de autoajuda ensinam, olhando para dentro, mas olhando para o alto. O apóstolo Paulo alcança o ponto culminante da sua teologia ao concluir sua parte doutrinária da carta aos Romanos, dizendo: *Porque dele, e por meio dele, e para ele são todas as coisas. A ele, pois, a glória eternamente. Amém!* (Rm 11.36).

O propósito da vida não está na especulação dos milhares de filósofos, mas na revelação divina. Você não é um acidente. Seu nascimento não foi um engano. Seus pais podem não ter planejado você, mas Deus o planejou. Deus não ficou surpreso pelo seu nascimento; antes, o esperou. Antes de ser concebido por seus pais, você foi concebido na mente de Deus. Ele planejou cada detalhe do seu corpo e da sua vida (Sl 139.13-16). Deus determinou os talentos naturais que você possuiria e também sua personalidade. Deus determinou o tempo da sua vida sobre a terra. Deus determinou onde você nasceria, sua nacionalidade, filiação, temperamento, cultura. Sua nacionalidade não é arbitrária. Deus determinou como você iria nascer. Conquanto haja pais ilegítimos, não há filhos ilegítimos. Muitos filhos não foram planejados por seus pais, mas foram planejados por Deus. Deus pensou em você antes de criar o mundo. Você foi criado para ser um mordomo de Deus. Quero destacar algumas verdades preciosas a seu respeito:

1. VOCÊ É UM MORDOMO DE DEUS (1Co 4.1). O mordomo é uma pessoa incumbida dos bens do seu senhor. O dono da casa lhe confia tudo o que tem para ser cuidado e desenvolvido: terras, dinheiro, joias, filhos, alimentação da família e administração de suas riquezas. Quando o mordomo se sente dono dos bens do seu senhor, ele o trai. Quando o mordomo deixa de cuidar com zelo e fidelidade dos bens do seu senhor, ele se torna infiel. A Bíblia diz que Potifar confiou a José tudo o que tinha (Gn 39.3,6). Somos mordomos de Deus. Devemos cultivar e guardar o que é de Deus (Gn 2.15-17). Nosso trabalho é administrar a criação divina (Gn 1.28; Sl 8.3-9). Deus é o dono de tudo e não nos passou escritura do que lhe pertence. Abraão disse ao rei de Sodoma que *o Deus Altíssimo [...] possui os céus e a terra* (Gn 14.22). Moisés disse que *os céus e os céus dos céus são do Senhor, [...] a terra e tudo o que nela há* (Dt 10.14). Os animais são de Deus (Sl 50.10-12), a terra é de Deus (Lv 25.23), a prata e o ouro são de Deus (Ag 2.8). O que a terra produz é de Deus (Os 2.8). Até os bens que administramos e empregamos na obra de Deus são de Deus (1Cr 29.13-16). Sempre que granjeamos, administramos e gastamos os recursos como se eles fossem nossos, não atentando para o fato de que pertencem a Deus, tornamo-nos mordomos infiéis.

2. VOCÊ É PROPRIEDADE EXCLUSIVA DE DEUS (1Pe 2.9). Nós não nos pertencemos; somos propriedade exclusiva de Deus. E isso por três razões distintas. Em primeiro lugar, por direito de

criação (Gn 1.27; 2.7; Is 42.5; 43.1-7). Você não é produto do acaso nem da evolução. Deus o criou, o formou e o entreteceu de forma assombrosamente maravilhosa. Ele conhece cada célula do seu corpo e cada fio de cabelo da sua cabeça. Todos os seus dias estão contados e determinados pelo Senhor. Em segundo lugar, você é propriedade de Deus por direito de preservação (At 14.15-17; 17.22-28). A doutrina da providência é maravilhosa. Ela alcança ímpios e remidos. Deus dá a chuva e o sol ao ateu e ao crente. Ele dá saúde ao salvo e ao incrédulo. As bênçãos da graça comum, ele as distribui a todos. É Deus quem nos dá a vida, a respiração, a saúde, a proteção, o alimento, o paladar, o livramento. Em terceiro lugar, você é propriedade de Deus por direito de redenção (1Co 6.19,20; 1Pe 2.9; Ap 5.9). Deus o criou para a sua glória (Is 43.7). O pecado o afastou de Deus (Is 59.2). Então, Deus o comprou pelo preço do sangue do seu Filho (At 20.28; 1Co 6.20). Somos de Deus porque ele nos criou, porque ele nos preserva e porque ele nos remiu.

3. Você é responsável diante de Deus (2Co 5.10). A compreensão dessa gloriosa verdade nos leva a ter um profundo senso do sagrado. Tudo para nós torna-se sagrado. Você é um mordomo no comércio e no templo. O lar, a escola, o trabalho e a igreja participam da mesma esfera sagrada, isso porque tudo é de Deus, e ele se importa com tudo o que é dele. A compreensão dessa gloriosa verdade nos leva a ter um profundo senso de responsabilidade. Vamos prestar contas da nossa mordomia, de como usamos nossa vida, família, bens, recursos, talentos, oportunidades, tempo e dinheiro. O que se requer dos mordomos é que sejam encontrados fiéis (1Co 4.1,2). Finalmente, a compreensão dessa gloriosa verdade nos leva a ter um profundo senso de dependência. Nenhum mordomo poderá desempenhar o seu sublime papel sem total dependência de Deus, sem o poder do Espírito Santo.

Um homem a quem Deus não desiste de amar

... todavia, amei a Jacó (Ml 1.2).

DEUS NÃO ABRE MÃO DE VOCÊ. O AMOR DELE POR VOCÊ É DETERMINADO, INCANSÁVEL, VENCEDOR. NÃO DEPENDE DE quem você é nem de como você se comporta. O amor de Deus por você é eterno. A causa do amor de Deus por você não está em você, mas nele mesmo. A vida de Jacó nos ilustra essa verdade de forma gloriosa. Deus amou a Jacó, a despeito de Jacó. Vejamos:

1. DEUS AMOU E ESCOLHEU JACÓ ANTES DE ELE NASCER (Gn 25.23). O amor de Deus por você não é causado por fatores externos. Deus o amou e o escolheu soberanamente, livremente, independentemente dos seus méritos. Deus disse a Rebeca: *... o mais velho servirá ao mais moço* (Gn 25.23). Deus disse que o seu amor por Jacó foi um amor incondicional: *Eu vos tenho amado, diz o Senhor; mas vós dizeis: Em que nos tens amado? Não foi Esaú irmão de Jacó? – disse o Senhor; todavia, amei a Jacó, porém aborreci a Esaú* (Ml 1.2,3). Deus nos escolheu em Cristo não por causa das nossas obras, mas para as boas obras (Ef 2.10); não porque éramos obedientes, mas para a obediência (1Pe 1.2). Deus não nos escolheu por causa da nossa fé, mas para a fé (At 13.48). Deus não nos escolheu por causa da nossa santidade, mas para sermos santos

(Ef 1.4). Deus nos escolheu quando éramos pecadores, quando estávamos mortos. Ele colocou o seu coração em nós antes mesmo da fundação do mundo, antes dos tempos eternos.

2. DEUS AMOU A JACÓ, A DESPEITO DE SEUS PECADOS (Gn 25.26). Jacó recebeu um nome que foi o espelho da sua personalidade: enganador, suplantador. Ele nasceu segurando no calcanhar do seu irmão (Gn 25.26). Ele aproveitou um momento de fraqueza do irmão para arrancar-lhe o direito de primogenitura. Ele aproveitou um momento de cegueira do pai para mentir para ele e se passar por Esaú. Ele mentiu em nome de Deus e roubou a bênção que Isaque intentava dar a Esaú. Jacó tinha um comportamento reprovável. Ele enganou, mentiu, traiu. Mas, a despeito de quem era, Deus o amou e continuou investindo em sua vida. Assim é o amor de Deus por nós. Ele nos ama, apesar de nós. Temos pecado contra ele, mas ele continua nos amando e investindo em nós.

3. DEUS REVELOU-SE A JACÓ, A DESPEITO DA SUA CRISE (Gn 28.1-17). Jacó estava em crise. Ele havia mentido para o pai, em nome de Deus. Tomara os destinos da sua vida nas próprias mãos, duvidando do propósito do Senhor. Enganara o seu irmão, Esaú. Agora, para salvar sua vida, precisava fugir. Deus toma a iniciativa e revela-se a ele em Betel. Deus era o Deus de Abraão e Isaque, mas ainda não era o Deus de Jacó. Deus faz promessas a Jacó, a despeito de ele ainda não o conhecer pessoalmente. Deus promete estar com ele, guardá-lo, ampará-lo. Jacó tem uma experiência profunda em Betel. Ali, ele conheceu a Casa de Deus, mas ainda não o Deus da Casa de Deus. Talvez você já tenha tido grandes experiências do poder de Deus. Talvez tenha tido experiências tremendas na casa de Deus. Talvez tenha ouvido sobre as promessas de Deus. Mas ainda não teve um encontro transformador com o Senhor.

PARTE 5 – VITÓRIA NA VIDA CRISTÃ

4. DEUS ABENÇOOU JACÓ, A DESPEITO DE JACÓ AINDA NÃO SER SALVO (Gn 28.13,14). Deus abençoou Jacó dando-lhe companhia, proteção e prosperidade. Deus fez de Jacó um homem próspero, dando-lhe uma grande família e muitos bens. Deus estava cercando a vida de Jacó com bênçãos especiais. Mas Jacó ainda não era salvo. Da mesma forma, Deus nos tem abençoado. Ele nos tem guardado. Ele nos tem dado o pão de cada dia. Ele nos tem dado a família. Deus lhe tem dado saúde, família, bens. Mas você já é salvo? Você já teve um encontro profundo com Deus? Passaram-se vinte anos até que Jacó teve um encontro pessoal com Deus em Peniel, e só então, ele diz, sua alma foi salva.

O crente e o mundo

Eu lhes tenho dado a tua palavra, e o mundo
os odiou, porque eles não são do mundo,
como também eu não sou (Jo 17.14).

A PALAVRA "MUNDO" TEM VÁRIOS SIGNIFICADOS NA BÍBLIA. PODE REPRESENTAR AS PESSOAS, A NATUREZA CRIADA POR DEUS OU o sistema de valores que se opõe a Deus e à sua palavra. Nesse último sentido, o crente precisa ter critérios bem definidos para se relacionar com o mundo.

1. O CRENTE NÃO PODE AMAR O MUNDO NEM AS COISAS QUE HÁ NO MUNDO (1Jo 2.15-17). A filosofia de vida do mundo é contra os princípios de Deus. Os valores que o mundo aprova e aplaude são reprovados por Deus. O mundo valoriza mais o ter do que o ser. O mundo busca o prazer imediato a expensas dos valores morais absolutos. O mundo busca a gratificação dos desejos, mesmo ao arrepio da lei divina. O dinheiro, o sexo e o poder são o tripé sobre o qual o mundo constrói sua fortaleza. Amar esses valores é não apenas rejeitar a verdade de Deus, mas tornar-se inimigo de Deus. Amar o mundo é opor-se a Deus, é sacudir o jugo de Deus e declarar guerra contra o Altíssimo. Quem ama o mundo, o amor do Pai não está nele. É impossível amar o mundo e a Deus ao mesmo tempo. Ser amante do mundo é ser inimigo de Deus. Voltar-se para Deus é rejeitar o mundo e as coisas que nele há.

PARTE 5 – VITÓRIA NA VIDA CRISTÃ

2. O CRENTE NÃO PODE SER AMIGO DO MUNDO (Tg 4.4). A amizade é uma relação de amor, confiança e parceria. É uma relação de comunhão e fidelidade. Estar do lado do mundo, dos seus esquemas de corrupção, de injustiça, de impureza e lascívia é ficar na contramão dos propósitos de Deus. Muitos crentes, infelizmente, estão tentando agradar o mundo. Buscam satisfação interior naquilo que o mundo oferece. Há crentes que estão atraídos pelo mundo. Estão enamorados do mundo. Gostam dos banquetes do mundo, dos festivais que o mundo oferece. O coração desses crentes não encontra prazer nas coisas de Deus. Eles se sentem enfastiados na congregação dos santos. Estão cansados das coisas de Deus. Ainda mais, há aqueles que buscam dessedentar sua alma nas fontes poluídas que jorram no mundo. São mais amigos dos prazeres do que de Deus (1Tm 3.4). Buscam não a santidade, mas a sensualidade; não a intimidade com Deus, mas a satisfação dos desejos da carne. Há crentes que tentam agradar a dois senhores. São pessoas de coração dividido. Estão enganando a si mesmas. Estão na igreja, mas seu coração está no mundo. Cantam os cânticos de Sião, mas não se deleitam em Deus. Têm o nome de que vivem, mas estão mortos. São amigos do mundo e inimigos de Deus.

3. O CRENTE NÃO PODE CONFORMAR-SE COM O MUNDO (Rm 12.2). O mundo tem uma forma. Ela é bem larga e espaçosa. No mundo, tudo é permitido. Nada é proibido. Reina a liberdade sem limites, ou seja, a libertinagem. No mundo, não há espaço para verdade absoluta, para valores absolutos. Cada um é dono da sua vida. A ética é individual, subjetiva e situacional. Reinam a anarquia moral, a degradação dos costumes, a falência da virtude. O crente não pode viver dentro dessa forma nem ser omisso e covarde. Ele precisa se opor a essa estrutura. Ele precisa ser inconformado. Ser crente é viver uma contracultura. É ser sal no meio da podridão moral. É ser luz onde as trevas estendem suas asas. Ser

crente é ter coragem de ser diferente. É viver de forma justa, sensata e piedosa neste mundo de corrupção (Tt 2.12). Como crentes, devemos atrair o mundo, não imitando o mundo, não o importando para dentro da igreja, mas sendo luzeiros no meio de uma geração mergulhada nas trevas. Não somos do mundo. Fomos chamados do mundo e enviados de volta a ele como embaixadores de Cristo.

Você é uma pessoa alegre?

*Alegrai-vos sempre no Senhor; outra
vez digo: alegrai-vos* (Fp 4.4).

BILHÕES DE DÓLARES SÃO GASTOS TODOS OS ANOS PARA PRO-
MOVER ENTRETENIMENTO E ALEGRIA ÀS PESSOAS. O SER
humano tem sede de alegria. Nessa busca intensa, muitos pro-
curam a alegria onde ela está presente apenas como uma mira-
gem. Outros pegam atalhos, com o fim de chegar ao destino da
felicidade mais depressa. Salomão fala de sua decepcionante
experiência de buscar alegria na bebida, no dinheiro, no sexo e na
fama (Ec 2.1-11). Hoje, muitos acham que ser alegre é ter dinheiro,
saúde, segurança, poder, prazeres, amigos. Mas existem muitas
pessoas que têm todas essas coisas e são infelizes, enquanto há
outras, privadas delas, que são alegres. Em Filipenses 4.4, o apóstolo Paulo fala sobre três características da verdadeira alegria:

1. A ALEGRIA É ABSOLUTAMENTE POSSÍVEL. *Alegrai-vos...*
Paulo não está sugerindo, pedindo, ou mesmo aconselhando, mas
dando uma ordem. Ser alegre não é uma opção; é um mandamento.
Não ser alegre é transgredir uma ordem de Deus. Se Deus manda,
então é possível ser alegre. Um cristão triste é uma contradição de
termos. Um cristão triste é uma negação do evangelho. O cristão é
aquele que tirou os andrajos do espírito angustiado e vestiu-se com
vestes de louvor. Ser cristão é celebrar a vida com entusiasmo, é

MENSAGENS SELECIONADAS PARA A VIDA

viver uma vida maiúscula, é andar no reino da fé, é caminhar rumo à glória, é viver como cidadão do céu, como herdeiro de Deus!

2. A ALEGRIA INDEPENDE DAS CIRCUNSTÂNCIAS. *Alegrai-vos sempre...* Paulo não está falando de alegria como um teórico. Ele não está hospedado num hotel cinco estrelas em Roma, empoleirado numa cátedra. Ele está preso, algemado, acuado, trazendo no corpo as marcas de Cristo. Ele já havia passado por lutas tremendas, por perseguições atrozes, por açoites humilhantes, por injustiças inumanas, mas a alegria do seu coração estava tremulando no mastro da sua vida. Ser cristão não é viver numa redoma de vidro. Ser cristão não é ser poupado dos problemas. O que nos diferencia do ímpio não são as circunstâncias, mas o fundamento sobre o qual construímos nossa vida. Jesus falou que a diferença entre o salvo e o perdido não é a aparência da casa que cada um constrói, mas o alicerce. Sobre ambas as casas, cai a chuva, sopram os ventos e batem os rios. A que foi construída sobre a rocha fica firme; a que foi edificada sobre a areia desmorona. Ser cristão é edificar a vida sobre a rocha, que é Cristo. Os problemas vêm, mas a alegria não vai embora, porque ela independe das circunstâncias.

3. A ALEGRIA ESTÁ CENTRADA EM JESUS. *Alegrai-vos sempre no Senhor...* Só conhece a verdadeira alegria quem conhece, ama e obedece a Jesus. A nossa alegria é uma pessoa; é Jesus. Só Jesus tem alegria verdadeira para dar. A mensagem de Jesus é boa-nova de grande alegria. O reino de Cristo é alegria no Espírito Santo. Na presença de Deus, há plenitude de alegria. O Senhor inspira até mesmo canções de louvor nas noites escuras. A alegria do Senhor é a nossa força. Quando estamos em Jesus, e Jesus está em nós, mesmo na dor, na doença, na pobreza e até mesmo na morte, experimentamos uma alegria indizível e cheia de glória. À luz de Filipenses 4.4, você pode dizer que é uma pessoa alegre?

Sua opinião é importante para nós. Por gentileza, envie seus comentários pelo e-mail editorial@hagnos.com.br

Visite nosso site: www.hagnos.com.br

Esta obra foi impressa na imprensa da Fé.
São Paulo, Brasil.
Verão de 2017